AF543797

EVA LOHMANN

## Trauerbewältigung

# Liebe in Erinnerung

Email: info@edition-lunerion.de
www.edition-lunerion.de



Psiana eCom UG
Berumer Str. 44
26844 Jemgum

# Inhalt

# Was Sie in diesem Buch erwartet

*Trauer* ist ein Gefühl, dass jeder Mensch im Laufe seines Lebens vermutlich mindestens einmal verspürt. Der Verlust eines geliebten Menschen ist mit einem hohen Maß an emotionaler Unruhe verbunden; wir wissen im ersten Moment oft nicht, wie wir unsere Gefühle einordnen oder sortieren sollen. Dabei ist es überaus wichtig, diese Gefühle anzunehmen und sie nicht zu unterdrücken, sondern ihnen freien Lauf zu lassen. Trauerarbeit ist emotionale Arbeit und diese wiederum ist essentiell für den Umgang mit einem Trauerfall.

Doch wie sieht eine gesunde und nachhaltige Trauerarbeit aus, die Ihnen dabei hilft, besser mit Ihren Emotionen zurechtzukommen und einen Weg heraus aus der Trauer, zurück ins Leben zu finden? Die Antwort auf diese Frage soll in dem vorliegenden Ratgeber erläutert werden. Wir werden auf den folgenden Seiten zunächst gemeinsam ergründen, was es mit dem Gefühl der Trauer auf sich hat und wie es sich äußert.

Anschließend werden wir uns mit Emotionen und deren Verarbeitung sowie Akzeptanz befassen. Direkt vorab sei dazu gesagt: *Es gibt keine falschen Empfindungen*! Jeder Mensch trauert anders und alles, was Sie empfinden, ist vollkommen in Ordnung. Ferner werden wir für Sie wichtige Menschen im Rahmen der Trauerarbeit identifizieren und über konkrete, praktische Ansätze sprechen, mit denen Sie den Trauerprozess so wenig belastend wie möglich gestalten. Im letzten Kapitel werden wir zudem gemeinsam einen Plan entwickeln, wie Sie in 4 Wochen eine gesunde und nachhaltige Trauerarbeit etablieren können.

Dabei stehen weniger theoretische Überlegungen im Vordergrund als vielmehr praktische Ratschläge zur Umsetzung. Daher werden in jedem Kapitel verschiedene Übungen vorgestellt, mit deren Hilfe Sie direkt mit der Trauerbewältigung starten können. Sie benötigen hierfür keine besonderen Materialien oder Gegenstände – denn die gesamte Kraft zur emotionalen Bewältigung der Trauer steckt in Ihnen!

Lassen Sie uns also gemeinsam diesen Weg beschreiten, auch wenn er sicherlich nicht einfach wird. Trotz all der Bewältigungsstrategien, trotz aller Gefühlsarbeit und trotz all dem Wissen, das Sie nach der Lektüre dieses Buches über die Trauer haben, werden sich Phasen emotionaler Unruhe vermutlich nicht vermeiden lassen. Es geht in diesem Buch nicht darum, Gefühle zu unterdrücken oder loszuwerden! Vielmehr ist es das Ziel unseres gemeinsamen Weges, einen gesunden Umgang mit Ihren Emotionen zu finden.

Sie sind in diesem Prozess nicht allein. Gehen wir es also gemeinsam an, damit Sie Ihre Trauer erfolgreich bewältigen können.

# Schritt 1: Den Trauerprozess verstehen und annehmen

*„Trauer wiegt mehr als Glück, denn glücklich ist nur,
wer für einen Moment die Trauer vergisst."*

(Benjamin Stramke, Autor)

Im ersten Schritt ist es entscheidend, dass Sie die Prozesse verstehen, die sich in Ihrem Körper und Ihrem Gehirn abspielen, wenn Sie *trauern*. Zwar ist das Empfinden von Leid, Niedergeschlagenheit und Hoffnungslosigkeit bei jedem trauernden Menschen individuell anders ausgeprägt, dennoch gibt es bestimmte Muster, die bei den meisten Menschen gleich ablaufen. Schließlich ist Trauer keineswegs als irrational zu betrachten, sie ist vielmehr eine tief im Menschen verankerte Reaktion auf ein einschneidendes, negativ konnotiertes Ereignis, wie etwa der Verlust eines geliebten Menschen.

Viele Menschen geben an, von der Trauer zunächst *überwältigt* zu werden, sie fallen, so die eigene Beschreibung, in ein *tiefes Loch*. Dieses Gefühl stellt sich vor allem dann ein, wenn man den Trauerprozess nicht versteht. Man weiß nicht, wohin mit den Emotionen, man weiß sie nicht zu deuten oder in ein Verhältnis zu setzen. Auch scheint der Wechsel der emotionalen Empfindungen für viele Menschen verwirrend zu sein: *„Warum bin ich heute niedergeschlagen, morgen hoffnungsvoll und übermorgen ausgelaugt*?" Um diese Verwirrung, die zusätzlich für eine emotionale Instabilität beim Trauernden sorgt, zu umgehen, ist es wichtig, dass Sie sich mit den jeweiligen Phasen des Trauerprozesses bewusst auseinandersetzen.

## Die Bedeutung der verschiedenen Phasen des Trauerprozesses

Wenn Sie mit dem Gefühl der Trauer konfrontiert sind, werden Sie schnell feststellen, dass es verschiedene Phasen innerhalb eines Trauerprozesses gibt. Ihre Emotionen durchlaufen verschiedene Entwicklungsstadien von dem Moment an, in dem Sie von dem Trauerfall erfahren, also erstmalig mit der Emotion konfrontiert werden.

### Schock und Verleugnung

Die erste Reaktion auf einen Trauerfall ist oftmals der *Schock*. Sie können nicht glauben, was Sie gerade gehört haben. Viele Trauernde beschreiben dieses Gefühl als *Schlag ins Gesicht*. Dabei unterscheidet sich die Reaktion je nach dem Grad der Erwartbarkeit zum Beispiel eines Todesfalls. Wenn die Großmutter nach jahrelanger Krankheit im Alter von 89 Jahren verstirbt, wird sich der Schock in Grenzen halten, denn man konnte bereits seit längerer Zeit mit dem Tod rechnen. Auch in einem solchen Fall stellt sich bei den meisten Angehörigen Trauer ein, doch der Schockmoment ist ein geringerer, auch die Verleugnung, also das *Nichtwahrhabenwollen*, ist weniger ausgeprägt.

## Schock

Betrachten wir aber einen Fall, in dem der Tod eines geliebten Menschen unerwartet auftritt, etwa durch einen Unfall oder eine bis dato unentdeckte Krankheit, potenziert sich der Schock. Man befindet sich in einer sogenannten Schockstarre, die es einem nicht ermöglicht, klar zu denken oder zu fühlen, die Emotionen sind gedämpft, das emotionale Empfinden ist ebenso heruntergefahren wie die körperlichen Funktionen. Oftmals äußert sich der Schock körperlich durch folgende Symptome:

- Abfall des Blutdrucks
- Innere Unruhe, Nervosität, Anspannung
- Kalte, schweißnasse Haut, oft in Kombination mit blasser Hautfarbe
- Frieren oder Zittern (eine Art Schüttelfrost)
- Teilnahmslosigkeit, emotionale Abwesenheit

Der Schockzustand ist sowohl geistig als auch körperlich äußerst unangenehm, er ist aber in einem extremen Trauerfall *normal*. Daher gibt es keinen Grund für eine zusätzliche Beunruhigung. Sie können im Schockzustand selbst wenig gegen diesen tun, außer diesen anzunehmen und sich dessen bewusst zu sein, dass es natürlich ist, was gerade passiert. Jeder in Ihrem Umfeld hat in einer solchen Situation Verständnis für Sie, seien Sie also unbesorgt und konzentrieren Sie sich auf Ihre Gefühle, Ihre Empfindungen. Es gibt kein Richtig oder Falsch – Sie müssen keine Stärke vortäuschen, alle Gefühle sind berechtigt.

Sollte sich der Schock in Ihrem Fall durch starke innere Unruhe und Nervosität auszeichnen, gibt es passende Atemübungen, die Ihnen helfen, den Blutdruck und den Puls zu senken und somit schneller zur inneren Balance zurückzufinden. Diese werden Sie dabei unterstützen, mit Ihrer derzeitigen Situation umzugehen und insbesondere bei dieser Form von Traumata Abhilfe zu schaffen und Erleichterung zu finden.

## Übung: Atemübung zur Beruhigung und Senkung der Herzfrequenz

Es gibt zahlreiche Atemübungen, die Ihnen dabei helfen, die Herzfrequenz zu reduzieren und somit in einen körperlich entspannteren Zustand zu gelangen. Beispielhaft seien hier drei aufgeführt:

**1. Bauchatmung:**
Die Bauchatmung ist eine natürliche Form der Atmung, bei dieser atmen Sie durch die Nase in den Bauch hinein ein. Legen Sie dabei Ihre Hand auf den Bauch und spüren Sie, wie sich die Bauchdecke dabei anhebt. Anschließend atmen Sie kontrolliert wieder durch den Mund aus und spüren nach, wie die Luft aus Ihrem Körper entweicht. Ziel dabei ist es, bewusster zu atmen und das Gefühl der Entspannung im Bauch zu spüren. Stress oder emotional aufgewühlte Zustände schlagen häufig auf den Magen, sodass Sie gut daran tun, diesen zu entspannen.

**2. 4-7-8-Atmung:**
Hierbei handelt es sich um eine äußerst rhythmische Technik. Atmen Sie vier Sekunden tief ein, halten Sie die Luft anschließend sieben Sekunden lang in Ihrem Bauch (auch hierbei kann es hilfreich sein, die Hand auf den Bauch zu legen und die Atmung bewusst zu spüren) und atmen Sie dann acht Sekunden lang tief aus. Am besten wiederholen Sie diese Atemübung mindestens dreimal mit jeweils drei Sätzen. Sie werden sehen, dass durch diese Atemtechnik Ihr Puls sinkt, wenn Sie also enorm gestresst oder aufgeregt sind, werden Sie nach Durchführung der 4-7-8-Atmung eine spürbare Entspannung wahrnehmen.

**3. Stoßatmung:**
Diese Methode reduziert nicht nur Stress, sondern löst auch körperliche Verspannung. Setzen Sie sich hierzu aufrecht hin und platzieren Sie eine Hand auf dem Bauch, die andere auf dem Brustkorb. Atmen Sie fünf Sekunden lang ein und atmen Sie anschließend fünfmal stoßartig durch den Mund aus. Wenn Sie diese Übung fünfmal wiederholen, werden Sie sichtlich entspannter sein, denn auch Ihr Körper reagiert normalerweise auf den Schockzustand.

Sie können also etwas gegen die Auswirkungen und Symptome des Schocks unternehmen, nicht aber gegen dessen Auftreten. Nehmen Sie den Schockzustand als eine natürliche Reaktion Ihres Körpers auf die überwältigende Nachricht an und lassen Sie sich durch den auftretenden Schockzustand nicht noch zusätzlich verunsichern.

### Verleugnung

Körperlich tritt also zunächst der Schockzustand ein. Ist dieser erst einmal überwunden, ist die erste, vollkommen natürliche Reaktion zunächst die Verleugnung: *Nein, das kann nicht sein, das ist unmöglich*. Dieser Prozess spielt sich auf der mentalen, also der psychischen Ebene ab. Wir haben es hierbei mit einem Verdrängungsmechanismus zu tun: Der Mensch neigt dazu, unangenehme und/oder schockierende Ereignisse beiseitezudrängen, um sich mental nicht mit ihnen auseinandersetzen zu müssen. Mit diesem Mechanismus blenden wir unter anderem Krisen in anderen Teilen der Welt aus, wie beispielsweise die Hungerkrise in der Subsahara, Naturkatastrophen im Pazifik oder blutige Revolutionen in Lateinamerika. Würden wir uns jeden Tag mit all diesen Dingen beschäftigen, würde dies unsere Psyche stark negativ beeinträchtigen. An dieser Stelle tritt die Verdrängung sozusagen als Abwehrmechanismus gegen negative externe Einflüsse auf.

Wir müssen also Geschehnisse ausblenden, um unsere mentale Gesundheit zu sichern – bei der Verleugnung handelt es sich im Prinzip um eine Erweiterung dieses Phänomens. Eine Tatsache, die unser eigenes Leben direkt betrifft, können wir jedoch nicht beiseiteschieben, da wir unmittelbar mit ihr konfrontiert sind. Den Tod eines Angehörigen etwa kann man unmöglich ausblenden, denn man ist unmittelbar von ihm betroffen. Also weist man das Ereignis von sich: *Es kann nicht sein, was nicht sein darf*. Der Zustand der Verleugnung hält in den meisten Fällen ebenfalls nicht lange an, schließlich ist die Realität eine andere und man wird meist relativ schnell von der Realität eingeholt. Daher gibt es auch hier keinen Grund, sich aktiv gegen den ersten Reflex der Verdrängung zu wehren. Schließlich handelt es sich um einen erklärbaren und psychologisch begründeten Prozess.

Wichtig ist, dass Sie Ihre Emotionen zulassen und nicht versuchen, gegen Sie anzukämpfen. Lassen Sie Ihren Gefühlen freien Lauf, früher oder später werden Sie ohnehin mit der Realität konfrontiert und werden Ihre Handlungsweisen anpassen. Seien Sie daher nicht überrascht, dass die Phase des Schocks und der Verleugnung Ihre ersten emotionalen Begleiter sein werden.

**Übung: Emotionen zulassen**

Eine simple Übung, die einen lehrt, Emotionen zuzulassen, ist deren *Beobachtung*. Versperren Sie sich nicht vor Ihren Empfindungen, sondern lassen Sie sämtliche Gefühlsregungen ungefiltert zu. Gleichzeitig beobachten Sie Ihre Emotionen, als wären Sie selbst ein unbeteiligter Dritter. Notieren Sie am besten schriftlich in einer Art Tagebuch, was Sie gerade fühlen, und nehmen Sie dabei keine Wertung vor. Versuchen Sie, so wenig wie möglich zu beurteilen und so viel wie möglich zu beobachten. Auf diese Weise erlangen Sie nicht nur Akzeptanz für Ihre Emotionen, sondern können diese im zweiten Schritt auch direkt reflektieren: *Warum fühle ich wie in welcher Situation*?

## Schmerz und emotionale Unruhe

### Schmerz

Wir haben gelernt, dass die erste Reaktion auf einen Trauerfall körperlicher Natur ist, wir können uns also nicht bewusst für oder gegen die Reaktion entscheiden. Im zweiten Schritt tritt die Phase der Verleugnung auf, auch diese läuft hauptsächlich unbewusst ab. Wenn wir jedoch nicht mehr verleugnen können, sondern mit den harten Tatsachen konfrontiert werden, brechen oftmals die aufgestauten oder verdrängten Emotionen aus. Wir realisieren den Verlust einer geliebten Person und spüren plötzlich, dass das Ereignis nicht mehr umkehrbar ist, dass wir die Person tatsächlich nie wieder lebendig sehen werden.

Dieses Gefühl bezeichnet man auch als *Trauerschmerz*. Mit diesem Gefühl geht einher, dass man sich den eigenen Gefühlen, aber auch dem Schicksal oder dem Leben ausgeliefert fühlt. Ein Trauerfall führt uns häufig vor Augen, dass auch wir unser Leben nicht zu einhundert Prozent unter Kontrolle haben und jederzeit ebenfalls „Opfer“ werden könnten. Wie lange der Schmerz anhält, ist individuell, ebenso wie die Ausprägung. Manche Menschen können den Schmerz und die emotionale Unruhe zu keiner Zeit ausblenden, sie sind dauerhaft in einem emotional labilen Zustand, andere können ihr Verhalten situativ anpassen. Unabhängig davon, zu welchem Typ Sie gehören, sei noch einmal klar genannt, dass es keinen *richtigen* oder *falschen* Umgang mit der Trauer gibt. Nehmen Sie sich die Zeit, die Sie benötigen, und lassen Sie sich nicht von anderen unter Druck setzen (*„Jetzt reiß dich doch mal zusammen“*). Denken Sie immer daran: Sie müssen nicht performen, sondern Sie dürfen Ihre Gefühle nach außen tragen. Gleichzeitig sollten Sie darauf achten, sich nicht vollkommen von der Trauer vereinnahmen zu lassen.

## Emotionale Unruhe

Zusätzlich zu dem Trauerschmerz verspüren Trauernde oftmals eine emotionale Unruhe, man schweift in Gedanken ab, es fällt schwer, sich mit etwas abzulenken, man schläft schlechter ein, da sich das Gedankenkarussell weiterdreht. Versuchen Sie, wenn es Ihnen möglich ist, diesen negativen Gedankenkreislauf zu durchbrechen! Es ist völlig normal, dass Ihre Gedanken in regelmäßigen Abständen zu Ihrer Trauer zurückschwenken, dass Sie zum Beispiel an den Verstorbenen und an gemeinsame Erlebnisse zurückdenken. Der Zustand sollte jedoch kein dauerhafter sein. Zwar ist es keine leichte Übung, die eigenen Gedanken zu stoppen, es gibt allerdings Übungen, die Ihnen dabei helfen können.

**Übung: Die Gedanken-Stopp-Technik**

Diese Technik stammt ursprünglich aus der Psychotherapie. Ihr Ziel ist es, kreisenden Gedanken Einhalt zu gebieten und das sprichwörtliche Hamsterrad der negativen Gedanken zum Stehen zu bringen. Der Patient oder die Patientin berichtet dabei von den negativen Gedanken, irgendwann ruft der Therapeut oder die Therapeutin laut *Stopp*! Der Gedankengang wird also bewusst unterbrochen.

Zur Durchführung der Gedanken-Stopp-Technik bedarf es jedoch nicht zwangsweise eines Therapeuten. Wann immer Sie merken, dass Sie zu sehr in den Gedankenkreislauf hineingeraten, rufen Sie sich selbst *Stopp* zu. Das kann durch einen tatsächlichen, lauten Ruf geschehen oder aber auch auf gedanklicher Ebene stattfinden. Stellen Sie sich dabei bestenfalls ein großes, rotes Stoppschild vor, wie Sie es aus dem Straßenverkehr kennen. Falls Sie Autofahrer sind, verbinden Sie mit diesem Schild automatisch den Reflex, auf die Bremse zu drücken. Dazu kommt die Wirkung der Farbe Rot als Signalfarbe.

Testen Sie aus, ob die Gedankenstopp-Technik bei Ihnen wirkt und für Sie ein probates Mittel darstellt, um Ihren (negativen) Gedankenkreislauf zu durchbrechen. Nicht bei jedem wirkt der Gedankenstopp, nicht jeder kann sich das rote Stoppschild vor dem geistigen Auge so gut vorstellen, dass es eine spürbare Wirkung entfaltet. Sollte der Gedankenstopp aber funktionieren, ist er eine effektive und vor allem leicht umsetzbare Methode.

Manche Menschen müssen die Technik dabei häufiger praktizieren, um sie effektiv anwenden zu können. Es gilt auch hier: *Übung macht den Meister*. Während manche Menschen in hohem Maße empfänglich für derartige Gedankenexperimente sind, tun sich andere schwerer damit und lernen am besten durch Wiederholung. Im Laufe der Zeit funktioniert die Übung bei den meisten Patienten aber sehr gut und das tatsächliche *„Stopp"*-Sagen kommt immer seltener zur Anwendung.

**Gedankenstopp-Technik in drei Schritten:**

- Erzählen Sie sich selbst von Ihren Gedanken, gehen Sie sie in Ihrem Kopf durch.
- Stellen Sie sich ein rotes Verkehrsstoppschild vor Ihrem inneren Auge vor.
- Rufen Sie innerlich Stopp, um Ihren Gedankenkreislauf zu durchbrechen.

## Anpassung und Akzeptanz

In der letzten Trauerphase stellen sich eine gewisse Akzeptanz und eine Anpassung an die neuen Gegebenheiten ein. Wir beginnen, zu akzeptieren, dass wir es mit einem Trauerfall zu tun haben, dass Trauer und Verlust zu unserem Leben gehören, und wir beginnen, uns zu arrangieren: *Ein geliebter Mensch ist nicht mehr da, aber viele andere Aspekte in meinem Leben bleiben gleich.* Die Dinge im Leben verändern sich also, unter Umständen ist die Konstellation eine andere, doch nicht das Leben als solches verändert sich von Grund auf. Stellen Sie sich zum Beispiel einen Familienvater vor, der seine Mutter verliert. Der Verlust schmerzt ihn, da er eine enge emotionale Bindung zu seiner Mutter hatte. Doch seine Familie, das heißt Frau und Kinder, braucht ihn ebenfalls als Stütze. Er kann nicht vollends in der Trauer versinken, da ein anderer wichtiger Teil seines Lebens weiterläuft.

Auch hier ist es wichtig, dass Sie kein schlechtes Gewissen empfinden sollten, weil Sie plötzlich eine gewisse Akzeptanz spüren. Manche fühlen sich schlecht: *„Darf ich schon wieder fröhlich sein? Darf ich auf eine Feier oder ein Konzert gehen? Der Trauerfall ist doch noch nicht lange her."* Die klare Antwort lautet hier: Ja, Sie dürfen. Tun Sie vor allem das, was Ihnen guttut. Wenn Sie auf einer Feier, einem Konzert oder bei einem Stadionbesuch Ablenkung finden und Ihre Gemütslage verbessern können, spricht absolut nichts dagegen, dies zu tun. Lösen Sie sich von dem Gedanken, dass Sie zum Beispiel einem verstorbenen Angehörigen eine lange Phase der Trauer und Einkehr „schulden". Die verstorbene Person erlangt keinerlei Vorteile davon, wenn Sie Ihr soziales Leben einschränken. Wenn Sie aus sich heraus allerdings ein schlechtes Gewissen empfinden, weil Sie es zum Beispiel für unangebracht halten, sich zu vergnügen, dann sollten Sie davon lieber Abstand nehmen. Denken Sie stets daran, es geht um *Ihr persönliches Empfinden!* Und vielleicht hätte der Verstorbene sogar gewollt, dass Sie Ihr Leben weiterleben und versuchen, die Trauer zu vergessen.

Ein guter Freund schilderte mir vor einiger Zeit die Trauerfeier für seine verstorbene Großmutter. Sie war ein lebensfroher Mensch gewesen und im hohen Alter friedlich eingeschlafen. Die Familie ging nach der Beisetzung gemeinsam in ein Lokal und saß in fröhlicher Atmosphäre zusammen, es wurde auch dann und wann gelacht. „Das war genau das, was sie gewollt hätte", sagte der Bekannte zu mir. Dies gilt sicherlich in vielen Fällen – der Tod und die Trauer sind das eine, aber der Umgang damit ist individuell und unterliegt keinerlei allgemeinen moralischen Maßstäben.

Wenn sich die Phase der Akzeptanz und des Annehmens bei Ihnen einstellt, betrachten Sie dies eher als Geschenk, denn es wird Ihrer mentalen Verfassung zuträglich sein.

## Umgang mit den körperlichen und emotionalen Auswirkungen der Trauer

Insbesondere in den ersten beiden Phasen der Trauer werden Sie sehr wahrscheinlich von körperlichen Auswirkungen der Trauer begleitet. Dabei gilt auch hier: Jeder Mensch ist verschieden, das heißt, die Symptome und das Ausmaß der körperlichen Begleiterscheinungen können stark variieren. Es gibt jedoch einige Symptome, die sich bei fast allen Trauernden zeigen.

### Schlafstörung und Müdigkeit

Häufig treten Schlafstörungen bei Betroffenen auf. Oftmals kreisen unsere Gedanken und wir müssen vor dem Einschlafen zum Beispiel an die verstorbene Person denken. Auch zeigen sich laut Befragungen bei Trauernden häufig Träume, in denen Erlebnisse mit der verstorbenen Person aus der Vergangenheit durchlebt werden. Diese Träume werden oftmals sehr intensiv wahrgenommen oder führen dazu, dass die Träumenden plötzlich aufwachen. Unmittelbar nach dem Trauerfall ist dies vollkommen normal und unbedenklich. Eine oder zwei unruhige Nächte sind zwar unangenehm, aber noch nicht zwangsweise ein Grund zur Besorgnis.

Halten die Symptome an, sollten Sie versuchen, gegenzusteuern. Spätestens nach einer Woche sollte sich Ihr Schlaf reguliert haben, andernfalls beeinträchtigt die fehlende Nachtruhe Ihre körperliche und mentale Gesundheit. Fehlender Schlaf führt zu Müdigkeit und mangelnder Konzentration, Sie sind im Alltag vermindert leistungsfähig und können berufliche oder auch private Aufgaben nicht zu einhundert Prozent erledigen. Da Schlafentzug aber auch psychische Auswirkungen haben kann, ist damit nicht zu spaßen.

Dennoch sollten Sie nicht direkt zu Schlaftabletten greifen. Diese sind zwar in vielen Fällen effektiv, doch sie bekämpfen lediglich das Symptom und nicht die Ursache der Schlaflosigkeit. Außerdem handelt es sich um Medikamente, also um chemische Präparate, die in unseren Hormonhaushalt eingreifen. Als *Ultima Ratio* können Sie sicher ein- oder zweimal zur Schlaftablette greifen, doch auch hier ist Vorsicht geboten: Tabletten können abhängig machen, zudem stellt sich schnell ein Gewöhnungseffekt ein. Hilft eine Tablette nicht, greift man zur zweiten, helfen zwei nicht, greift man zur dritten. So wird die Dosis ständig erhöht, bis sie schließlich gesundheitsschädlich ist.

Versuchen Sie es daher zunächst mit folgenden Übungen:

## Übungen: Schlaflosigkeit überwinden

**1. Einen festen Rhythmus etablieren:**
Sie hatten sicherlich schon einmal in Ihrem Leben einen Jetlag. Wenn der Schlafrhythmus erst einmal durcheinandergewirbelt ist, kann es ein hartes Stück Arbeit sein, ihn wieder ins Lot zu bringen. Doch auch ganz ohne Zeitverschiebung kann unsere innere Uhr durcheinandergeraten – zum Beispiel, wenn Sie keinen festen Rhythmus haben. Wenn Sie an einem Tag um 22:00 Uhr, am nächsten schon um 21:10 Uhr und am Tag danach erst um 23:30 Uhr schlafen gehen, kann sich Ihr Körper nie an einen Schlafrhythmus gewöhnen. Dasselbe gilt auch für die Zeit, zu der Sie aufstehen. Wenn der Wecker jeden Tag zu einer anderen Uhrzeit klingelt, werden Sie höchstwahrscheinlich ebenso Probleme haben, eine Routine zu etablieren. Routinen sind wichtig für die innere Ruhe. Der Mensch ist ein Gewohnheitstier und sehnt sich meist nach festen Strukturen, in denen er sich am besten zurechtfindet. Gönnen Sie Ihrem Körper daher einen festen Schlafrhythmus; gehen Sie jeden Tag zur (annähernd) gleichen Uhrzeit ins Bett und stellen Sie sich den Wecker jeden Morgen um dieselbe Zeit. Sie werden sehen, dass sich Ihr Schlaf verbessern wird. Wenn Sie zum Beispiel in Schichten arbeiten, können Sie zwar keinen täglichen Rhythmus etablieren, doch Sie können verschiedene Routinen für die verschiedenen Schichtzeiten etablieren: *Wenn ich Frühschicht habe, gehe ich um 21:00 Uhr ins Bett und stehe um 04:00 Uhr auf – wenn ich Spätschicht habe, gehe ich um 02:00 Uhr ins Bett und stehe um 09:00 Uhr auf.*

**2. Tee zur Entspannung trinken:**
Ein warmes Getränk vor dem Schlafengehen kann Wunder wirken – insbesondere, wenn es sich um Entspannungstees oder Kräutertees handelt, die speziell dafür geeignet sind, Sie ruhiger werden zu lassen, selbst ein klassischer Kamillentee kann zum Beispiel beruhigen. Trinken Sie daher vor dem Schlafengehen einen Tee und bauen Sie das Teetrinken in Ihre tägliche Routine ein: *Eine halbe Stunde vor dem Schlafengehen trinke ich einen Beruhigungstee.*

**3. Entspannung und Meditation:**
Lange Zeit galten Yoga und Meditation als leicht esoterisch und spirituell, doch längst sind die fernöstlichen Entspannungstechniken auch in der breiten Mitte unserer Gesellschaft etabliert – einfach deshalb, weil sie helfen. Es gibt wunderbare Entspannungsübungen, die Sie mithilfe geführter Meditation ohne großen Aufwand praktizieren können. Der Vorteil der Meditation ist zudem, dass Sie sich immer auf eine bestimmte Sache konzentrieren, also zum Beispiel auf Ihre Atmung, Ihre Körperhaltung oder Sie spielen in Gedanken ein Szenario durch, welches Sie entspannt (zum Beispiel eine Bergwanderung). Somit lenken Sie auch Ihre Gedanken von der Trauer und den negativen Empfindungen ab und gelangen in eine Sphäre der mentalen Ruhe.

**4. Sport:**
Auch Sport ist ein hervorragendes Mittel zur Bekämpfung von Müdigkeit und negativen Gedankenkreisläufen. Wenn Sie sich *auspowern*, wird Ihr Körper automatisch müde, der Schlaf ist zudem in der Regel erholsamer, wenn wir zuvor eine tatsächliche körperliche Belastung gespürt haben. Allerdings sollten Sie nicht direkt nach dem Sport versuchen, einzuschlafen, denn Sport setzt Adrenalin frei und sorgt dafür, dass sie während der körperlichen Belastung und kurz danach tendenziell eher angespannt sind. Lassen Sie also eine kleine Pause zwischen der körperlichen Betätigung und dem Schlafengehen. Im Übrigen ist es auch beim Sport hilfreich, Routinen zu etablieren – also zum Beispiel *jeden Tag eine Stunde joggen oder eine halbe Stunde Körperübungen durchführen*.

Eine Kombination dieser Übungen ist möglich und wünschenswert. Diese kann zum Beispiel wie folgt aussehen:

- Jeden Tag eine Stunde Jogging von 19:00 bis 20:00 Uhr
- Im Anschluss daran etwas leichtes Essen und einen Tee trinken
- Um 21:00 Uhr eine kurze Meditation zur Entspannung
- Um 22:00 Uhr ins Bett gehen, um 06:00 Uhr aufstehen

## Appetitveränderung und körperliche Symptome

In extremen Fällen der Trauer können auch Appetitlosigkeit und weitere körperliche Symptome, wie zum Beispiel Übelkeit, Zittern oder Magenprobleme, auftreten. Körper und Geist hängen dabei als Einheit zusammen: Wenn wir mental angeschlagen sind, wirkt sich dies auch auf das körperliche Wohlbefinden aus. Magenprobleme und Appetitlosigkeit können auch mit den zuvor behandelten Schlafproblemen zusammenhängen, ist der Bio-Rhythmus gestört, kann auch unser Essensrhythmus aus dem Gleichgewicht geraten. Daher sind schlaffördernde Entspannungsübungen oder Meditationen unter Umständen auch eine Hilfe bei der Zurückerlangung Ihres Appetits.

Wichtig ist zudem: *Sie müssen nichts essen, wenn Sie keinen Appetit haben*, zwingen Sie sich also nicht zur Nahrungsaufnahme, das kann auf Dauer dazu führen, dass Sie noch weniger Appetit haben, weil Sie etwas Negatives mit dem Essen verbinden. Auch hier gilt: In den ersten Tagen nach einem Trauerfall kann es eine normale, natürliche Reaktion des Körpers sein, sollten Sie allerdings über einen längeren Zeitraum hinweg keinen Appetit verspüren, sollten Sie versuchen, zu reagieren, und dem wie folgt entgegenwirken.

## Übungen: Appetit zurückgewinnen

**1. Variieren Sie die Umgebung:**

Die Umgebung, in der Sie essen, kann ein wesentlicher Faktor für das Wohlbefinden sein. Wenn wir an einem sauberen Ort essen und es um uns herum aufgeräumt ist, verspüren wir mehr Appetit, als wenn wir das Gefühl haben, dass die Umgebung chaotisch oder schmutzig ist. Oftmals neigen wir gerade in Phasen der Trauer dazu, Dinge auch einmal stehen zu lassen, Aufräumen und Putzen haben nicht immer oberste Priorität. Wenn Sie also merken, dass Sie in der chaotischen Küche keinen Appetit empfinden, versuchen Sie, im Wohnzimmer, auf dem Balkon oder am Schreibtisch zu essen; ein minimaler Tapetenwechsel kann bereits helfen, den Appetit zurückzugewinnen. Essen Sie, wenn möglich, an einem Ort, mit dem Sie Positives verbinden (auf dem Balkon – schöner Ausblick; im Bett – gemütlich).

**2. Essen mit Ablenkung:**

Wenn das Essen die Hauptaufgabe ist, konzentrieren wir uns auf sie. Wir denken während des Essens über das Essen nach. Wenn Sie keine Lust auf Essen verspüren, lenken Sie sich während dieser Trauerphase beim Essen ab, zum Beispiel mit Musik oder lassen Sie den Fernseher laufen. Wenn Sie abgelenkt sind, konzentrieren Sie sich auf die Ablenkung und das Essen geschieht eher beiläufig und unbewusst.

**3. Vermeiden Sie Gerüche:**

Sie kennen es vielleicht: Sie haben keinen Appetit, weil Sie zuvor zu viel gegessen oder Probleme mit dem Magen haben und plötzlich riecht es stark nach Essen. Am liebsten wollen Sie in diesem Moment die Flucht ergreifen, denn die Gerüche erinnern Sie überdeutlich ans Essen und von dem wollen Sie schließlich momentan nichts wissen. Versuchen Sie daher, starke Essensgerüche zu vermeiden, indem Sie zum Beispiel beim Kochen das Fenster öffnen oder direkt nach dem Essen durchlüften. Außerdem sind kalte oder lauwarme Speisen oft besser bekömmlich und zudem weniger geruchsintensiv als warme Speisen. Bevor Sie gar nichts essen, tut es also auch ein Joghurt oder ein belegtes Brot.

Weitere körperliche Symptome wie etwa Übelkeit oder Verdauungsschwierigkeiten sollten Sie, wenn diese länger andauern, von einem Arzt untersuchen lassen. Bei einem nicht balancierten Essensrhythmus kann der Magen verstimmt reagieren, hier können Hausmittel wie Tee oder magenberuhigende Medikamente aus der Hausapotheke noch Abhilfe leisten. Bei ernsthaften, dauerhaften Beschwerden ist der Gang zum Arzt allerdings die beste Option, denn nur der Arzt kann sagen, woher die Magenverstimmungen tatsächlich kommen und wie man sie behandeln kann.

## Emotionale Achterbahn und Stimmungsschwankungen

Wir haben die verschiedenen Trauerphasen und die mit ihnen zusammenhängenden Gefühlsregungen bereits kennengelernt. Der Trauerprozess kann daher durchaus als Gefühlsachterbahn beschrieben werden, denn Sie werden schnell feststellen, dass die Gefühle sich nicht linear auf- und wieder abbauen, sondern sich immer wieder abwechseln werden. Oder einfacher gesagt: In manchen Momenten geht es Ihnen besser, in anderen schlechter. Dabei kann Ihr Gemütszustand situationsbedingt wechseln. Nehmen Sie an, Sie sind in Ihre Arbeit vertieft und denken daher nicht an den erlebten Trauerfall. In der Pause sehen Sie, dass ein Angehöriger Ihnen eine Nachricht geschrieben hat, Sie haben den Angehörigen zuletzt auf der Trauerfeier gesehen, sodass Erinnerungen in Ihnen hochkommen. Ihr Gemütszustand ändert sich also von Annahme/Akzeptanz (bedingt durch Ablenkung) in Traurigkeit.

Auch die Schlafqualität kann ein Einflussfaktor sein. Wenn Sie gut geschlafen haben und sich an keinerlei negative Träume mehr erinnern, gehen Sie befreiter durch den Morgen als an einem Tag, dem eine Nacht voller erinnerungsreicher Träume vorausging. Wir können solche Faktoren nur bedingt beeinflussen, denn nicht alle Erinnerungen lassen sich bewusst ausblenden. Manchmal wird man schließlich bereits *getriggert* (das heißt, es wird etwas in uns ausgelöst), wenn eine Person dem Verstorbenen bloß ähnlich sieht oder jemand einen Satz sagt, den auch der Verstorbene häufig gesagt hat – und sei es eine bloße Floskel. Stellen Sie sich also darauf ein, dass Sie eine mentale Achterbahnfahrt erleben werden, die mit Stimmungsschwankungen einhergeht. Doch keine Sorge, auch hier gibt es alltägliche Übungen, die Ihnen helfen, die heftigen Gefühlsschwankungen besser zu meistern.

**Übung: Die Kontrolle behalten**

Lassen Sie Ihren Gefühlen in der ersten Phase der Trauer unbedingt freien Lauf. Sie sollten nicht versuchen, die von Ihnen empfundenen Emotionen zwanghaft zu unterdrücken. Nachdem die erste emotionale Phase jedoch überstanden ist, gibt es Techniken, die Ihnen dabei helfen, Ihre Gefühle unter Kontrolle zu behalten. Damit vermeiden Sie emotionale Ausbrüche, die sowohl situativ als auch für Ihre eigene Trauerbewältigung kontraproduktiv sind.

Ähnlich wie die Gedankenstopp-Technik funktioniert auch eine Stopp-Technik in puncto Emotionen. Lassen Sie zunächst Ihre Empfindungen zu und rufen Sie ab dem Punkt, an dem diese Sie zu überwältigen drohen, laut *Stopp*! Schreiben Sie im Anschluss daran die soeben empfundenen Emotionen in einer Art Tagebuch nieder und reflektieren Sie, was Sie gerade gefühlt haben und warum. Nehmen Sie sich ruhig Zeit, denn eine Auseinandersetzung mit den eigenen Emotionen ist wichtig im Prozess der Trauerbewältigung. Je ausführlicher Sie das Tagebuch führen, desto besser und aufschlussreicher ist es für Sie. Auf diese Weise können Sie auch herausfinden, welche Situationen oder Reize Sie triggern. Darauf aufbauend lassen sich Situationen umgehen, die Sie emotional aufwühlen.

## Die Rolle von Zeit und Geduld bei der Trauerbewältigung

*„Die Zeit heilt alle Wunden"*, sagt ein deutsches Sprichwort. Sicherlich ist dieser Satz stark verkürzt, doch die zeitliche Dimension spielt bei der Trauerbewältigung in der Tat eine Rolle. *Mit der Zeit* lernen wir häufig besser, mit der Situation umzugehen und die Tatsachen als gegeben zu akzeptieren, was uns insgesamt hilft, den passenden Umgang mit der Trauer zu finden. Dabei ist der Umfang des zeitlichen Rahmens allerdings individuell unterschiedlich; der eine braucht länger, um einen Trauerfall mental zu verarbeiten, der andere benötigt weniger Zeit.

### Der individuelle Zeitrahmen für den Trauerprozess

Der Trauerprozess und auch die Trauerbewältigung sind individuell. Wir haben in der Regel nur einen bedingten Einfluss auf die Dauer unseres Trauerempfindens. Wir können jedoch bestimmte Zeitmarken setzen, um zu verhindern, dass wir uns immer und immer wieder in mental belastende Situationen begeben müssen. Folgendes Beispiel verdeutlicht die Möglichkeit eines individuellen Zeitplans bei der Trauerbewältigung:

Nehmen wir an, ein naher Angehöriger ist verstorben. Neben dem Schmerz, den Sie nun empfinden, gibt es auch organisatorische Aspekte zu erledigen, die wir an einem späteren Zeitpunkt noch einmal ausführlich besprechen wollen. Beispielsweise gilt es, das Begräbnis und eine Trauerfeier zu organisieren, den Hausstand aufzulösen etc. Bei jeder dieser Handlungen wird das Gefühl der Trauer unweigerlich wieder auftreten, denn Sie werden mit zahlreichen Erinnerungen an den Verstorbenen konfrontiert. Setzen Sie sich daher zeitliche Marken, bis wann Sie welchen Aspekt erledigt haben möchten. Also beispielsweise:

- Ich löse den Hausstand direkt auf, gehe noch einmal in die Wohnung des Verstorbenen, danach betrete ich sie nicht mehr. Dies soll noch vor der Trauerfeier geschehen.

Hier definieren Sie die Trauerfeier als eine Art Abschluss des formalen Verarbeitungsprozesses. Dies bedeutet aber auch, dass Sie mental nach der Trauerfeier abschalten können, Sie haben sozusagen vollständig Abschied genommen und es gibt nichts mehr nach der Trauerfeier, was Sie mental wieder in die erste Phase der Trauer zurückholen sollte. Erinnerungen und damit verbundene „Rückfälle" sind bei der Trauer natürlich trotzdem niemals auszuschließen, der Zeitrahmen hilft Ihnen aber dabei, eine Struktur in Ihre Gedankengänge zu bringen.

Auch wenn Sie länger für die Verarbeitung benötigen als vorgesehen oder Ihr Zeitplan nicht aufgeht, sollten Sie dennoch nachsichtig mit sich sein.

## Geduld mit sich selbst und anderen haben

Überaus wichtig ist, dass Sie im zeitlichen Verlauf Ihres Trauerprozesses Geduld mit sich, aber auch mit anderen haben. Es sei noch einmal betont, dass jeder Mensch anders trauert, dies bezieht sich auch auf die Dauer des Verarbeitungsprozesses. Weder sich selbst noch anderen gegenüber sollten Sie folgende Gedanken hegen: *Jetzt reiß dich einmal zusammen, bist du etwa immer noch nicht darüber hinweg?* Insbesondere wenn ein Angehöriger verstorben ist, ist es wichtig, dass die Hinterbliebenen sich bei der Trauerbewältigung gegenseitig unterstützen und nicht zusätzlich Steine in den Weg legen. Genau das würde jedoch geschehen, wenn Sie sich gedrängt fühlen oder jemand anderen zu etwas drängen.

Sollte dennoch einmal das Gefühl der Ungeduld bei Ihnen auftreten, weil ein Angehöriger den Trauerfall auch nach längerer Zeit nicht überwinden kann oder er Ihnen immer wieder dieselbe Anekdote aus der Vergangenheit erzählt, gibt es auch hierfür Übungen, die Ihnen helfen, sich in Geduld mit sich und anderen zu üben:

## Übungen: Geduldiger werden

**1. Leben im Hier und Jetzt:**

Ungeduld erwächst oft aus einem Vorgriff auf die Zukunft. Wir haben *jetzt* keine Geduld, weil wir davon ausgehen, dass wir in der Zukunft mit denselben Problemen konfrontiert sind. Bleiben wir beim Beispiel eines Angehörigen, der auch nach längerer Zeit noch nicht loslassen kann. Er erzählt Ihnen immer wieder dieselbe Anekdote und Sie sind auch deshalb ungeduldig und entnervt, weil Sie davon ausgehen, dass er Ihnen diese auch in der Zukunft weiterhin erzählen wird. Entnervt sind Sie also eigentlich nicht von dem Moment, sondern von der Vorstellung, dass sich der Moment wiederholen wird. Versuchen Sie daher, im *Hier und Jetzt* zu leben, und beschäftigen Sie sich ausschließlich mit den Dingen, die Sie jetzt beeinflussen können. Sie werden sehen, dass Sie schnell zu einem höheren Maß an Gelassenheit gelangen.

**2. Innere Ruhe finden:**

Mithilfe von Tools wie den zuvor bereits genannten Atemübungen, Meditationen oder auch Sportübungen gelangen Sie schnell zu einem Zustand der *inneren Ruhe*. Diese Ruhe ist tief in uns verankert, sie hilft uns in stressigen Situationen, auch wenn wir von anderen oder von unserem eigenen Verhalten genervt sind. Kehren Sie mit den bereits bekannten Übungen zu Ihrer inneren Mitte zurück und werden Sie so geduldiger im Alltag.

**3. Emotionen annehmen:**

Die Methode des Tagebuchs zur Reflexion der eigenen Empfindungen haben wir bereits kennengelernt. Diese funktioniert auch ausgezeichnet, um geduldiger zu werden. Wenn Sie die Beweggründe eines Mitmenschen (oder Ihre eigenen) verstehen, haben Sie automatisch mehr Nachsicht und Geduld mit dieser Person, da Sie wissen, was sie antreibt, was ihre Handlungsmotive sind. Um geduldiger mit sich selbst zu werden, eignet sich das Tagebuch. Wenn Sie mehr Geduld für eine andere Person aufbringen möchten, können Sie die Person auch direkt fragen: Was bewegt dich? Warum fühlst du dich augenblicklich so, wie du dich fühlst? Diese Übung sorgt für mehr Empathie in Ihrem zwischenmenschlichen Umgang und diese ist in der aktuellen Situation gleichbedeutend mit Verständnis und somit auch mit Geduld.

## Die Bedeutung des Loslassens und der Weiterentwicklung

Elementar für die Bewältigung des Trauerprozesses ist zudem das Verständnis dafür, wie wichtig das *Loslassen* ist. Es ist der schwierigste Teil der Trauerbewältigung, doch zugleich ist es der wichtigste. In den meisten Kulturen sind die Bestattung und die anschließende Trauerfeier das ritualisierte Loslassen – man übergibt den Verstorbenen an Gott, das Universum oder woran immer die Hinterbliebenen glauben. Dieses Loslassen bildet den Schlüssel zur Akzeptanz und zur Annahme des Trauerfalls; das Leben hat sich durch den Trauerfall in einem Aspekt verändert, doch viele Dinge sind gleich geblieben. Der Verstorbene ist nicht mehr unter uns, doch in unseren Herzen, unseren Gedanken, ja, in unseren Erinnerungen wird er immer weiterleben.

Nur, wenn Sie losgelassen haben, werden Sie sich weiterentwickeln und Ihr Leben in der Form weiterleben, dass es für Sie und Ihr Umfeld angenehm oder zumindest erträglich ist. Andernfalls wird der Trauerfall zu einem bleiernen Gewicht, das Sie nach unten drückt und verhindert, dass Sie wieder unbeschwert durchs Leben gehen können. Im nächsten Kapitel werden wir uns ausführlich damit beschäftigen, wie Sie die Trauer und den Schmerz als Gefühle annehmen und somit unbeschwerter durchs Leben gehen können. Und auch wenn die Aufgabe schwer erscheint, sie ist nicht unmöglich und mithilfe der Menschen um Sie herum, mithilfe der eigenen Stärke und nicht zuletzt mit der Unterstützung dieses Ratgebers werden Sie diese Aufgabe meistern!

# Schritt 2: Den Schmerz annehmen

***„Wir streben mehr danach, Schmerz zu vermeiden, als Freude zu gewinnen."***

(Sigmund Freud)

Nachdem Sie nun verstanden haben, wie die Trauerphasen funktionieren, und einige Tools der Soforthilfe zur Linderung erster Trauersymptome erhalten haben, soll an dieser Stelle noch einmal auf die Akzeptanz der Trauer und des Schmerzes eingegangen werden. Diese ist ein enorm wichtiger Schritt bei der Bewältigung der negativen Gefühle.

## Akzeptanz der eigenen Gefühle und Trauer

Betrachten wir das Thema „Akzeptanz der Trauer und des Schmerzes" nun noch einmal genauer. Dabei sollten wir zunächst einen Ansatz kennenlernen, der uns dabei hilft, unsere Gefühle besser anzunehmen und zu verstehen. Es handelt sich hierbei um die sogenannte Akzeptanz- und Commitmenttherapie, einem Tool der Psychotherapie zum besseren Umgang mit den eigenen Gefühlen.

### Die Akzeptanz- und Commitmenttherapie

Ein noch recht neuer, aber in den vergangenen Jahren oftmals zitierter Ansatz auf diesem Gebiet ist die sogenannte *Akzeptanz- und Commitmenttherapie* (ACT) nach dem amerikanischen Psychotherapeuten Steven C. Hayes. Die ACT geht in ihren Methoden und Erklärungsansätzen über die Auseinandersetzung mit der Selbstreflexion und -akzeptanz weit hinaus.

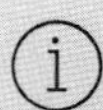

**Biographie:**

**Steven C. Hayes** (* 1948) ist ein US-amerikanischer Psychologe, Therapeut und derzeit Inhaber des Lehrstuhls für Psychologie an der University of Nevada.

Er schloss 1974 sein Psychologiestudium an der West Virginia University mit einem Master ab und promovierte, nur drei Jahre später, an derselben Hochschule. Seine Forschungsschwerpunkte lagen zunächst auf Kognitionsanalysen; in diesem Zusammenhang entwickelte er die *Bezugsrahmentheorie*, eine psychologische Theorie zum Verständnis von Sprache und Interaktion in deren spezifischen Kontexten (warum und wie wird innerhalb einer sozialen Interaktion kommuniziert?). Darauf aufbauend entwickelte er die ACT, die noch einen Schritt weiter geht und nicht nur die offen stattfindende Interaktion, sondern auch die zugrundeliegenden Denkprozesse beleuchtet.

Hayes publizierte (Stand 2023) bisher 38 Monographien und über 550 Fachzeitschriftenartikel und gilt als einer der einflussreichsten Psychologen der vergangenen 50 Jahre.

Wenn Sie sich en détail in die Theorie einarbeiten möchten, ist zusätzlich zur Lektüre des hier vorliegenden Textes das Buch *„ACT leicht gemacht. Ein grundlegender Leitfaden für die Praxis der Akzeptanz- und Commitmenttheorie"* von Russ Harris sehr zu empfehlen. An dieser Stelle wird jedoch auf den Teil der ACT eingegangen, der sich explizit mit der Akzeptanz und dem Umgang mit negativen Gedanken, wie zum Beispiel der Trauer, beschäftigt.

Grundsätzlich geht die Theorie davon aus, dass negative Gedankenkreisläufe das Ergebnis unserer alltäglichen *Denkprozesse* sind. Derselbe Mechanismus, der uns erlaubt, Probleme zu lösen oder logische Zusammenhänge zu begreifen, beschert uns auf der anderen Seite negative Gedanken, wie zum Beispiel Trauer oder das ständige Durchleben von Situationen aus unserer Vergangenheit. Dabei spielt es keine Rolle, ob die Gedanken zielführend, rational oder hilfreich sind. Insbesondere die nach einem Trauerfall häufig auftretende Angst vor dem eigenen Tod ist sicherlich nicht rational begründbar. Für denjenigen, der sie durchlebt, ist die Angst jedoch real, daher spielt es für die ACT erst einmal keine Rolle, ob sie rational begründet ist.

Das folgende Beispiel veranschaulicht die Überlegungen:

**Beispiel:** Vermutlich haben Sie bedrohliches Feuer noch nicht erfahren müssen und haben dennoch Angst oder zumindest einen gewissen Respekt vor großen Flammen. Selbst wenn Sie noch nie in einem brennenden Haus gefangen waren oder einen Waldbrand aus nächster Nähe erlebt haben, reichen Ihnen die Bilder, die man gelegentlich davon im Fernsehen sieht, oder Erzählungen von Menschen, die eine solche Situation erlebt haben, um eine gesunde Angst aufzubauen.

Diese Angst ist deshalb gesund, weil sie Ihnen helfen kann, einen gewissen Schutzmechanismus zu entwickeln. Sollten Sie tatsächlich einmal im Wald unterwegs sein und in der Ferne ein Feuer sehen, werden Sie von der Angst ergriffen und der in diesem Fall vielleicht sogar lebensrettende Fluchtreflex wird ausgelöst. Zum Problem würde die Angst erst dann werden, wenn Sie sie ständig verspüren würden, auch wenn weit und breit kein Feuer zu sehen ist. Die Angst vor Feuer ist dabei ein sehr greifbares Beispiel, es lässt sich aber genauso gut auf die Angst vor dem eigenen Tod oder auf Verlustängste infolge eines Trauerfalls übertragen. *Problematisch sind die negativen Gedanken erst dann, wenn sie auftauchen, obwohl es keinen konkreten Anlass dafür gibt.* Wenn kein konkreter Auslöser vorhanden ist, kann die Angst auch nicht konkret bekämpft werden. *Die Ursache unserer Ängste zu kennen, ist also entscheidend für deren Bekämpfung.*

Ziel der ACT ist es nun, Kontrolle über diese irrationalen Gedanken und Gefühle, also die psychologischen Prozesse in Ihrem Gehirn, zu erlangen. Es geht nicht darum, sämtliche Ängste und negativen Gedanken beiseitezuschieben. Man soll stattdessen lernen, mit diesen Gedanken zu leben und sich nicht zu sehr von ihnen leiten zu lassen. Schließlich gehört ein gewisses Maß an Leiden zur menschlichen Existenz, jeder Mensch leidet auf seine eigene Art und Weise. Man könnte auch sagen: *Leiden ist menschlich.* Die ACT möchte den Menschen allerdings dabei helfen, mit diesem Leid, sofern es psychischer Natur ist, umzugehen. Es geht nicht darum, Ihre Gedanken an sich zu ändern, vielmehr soll sich Ihre *Sichtweise auf diese Gedanken* verändern.

Dazu bedarf es eines gewissen Maßes an psychischer Flexibilität, also eines gesunden Umgangs mit Ihren Gefühlen, auch den belastenden. Sie sollten nicht versuchen, das Leid, die Trauer oder all die anderen schlechten Gedanken, die Sie umtreiben, vollständig zu kontrollieren; dies funktioniert meistens ohnehin nicht. Stattdessen sollten Sie sie *zulassen.* Lassen Sie sich allerdings nicht von ihnen kontrollieren, sondern versuchen Sie, eine gesunde Distanz zu Ihren Ängsten zu gewinnen. Lassen Sie Ihre Gedanken nicht die Oberhand gewinnen. Es sind nur Gedanken, sie müssen nicht zwangsläufig Angst mit sich bringen. Überlegen Sie stattdessen, was Ihnen wirklich wichtig ist und ob das vorliegende Subjekt Ihrer Angst im Bereich Ihrer Kontrolle liegt oder nicht. Fragen Sie dazu:

- Kenne ich die Ursache meiner Angst?
- Kann ich diese kontrollieren / habe ich Einfluss darauf?
- Liegt die Angst im Bereich der kontrollierbaren oder der unkontrollierbaren Dinge?

(Wenn man Höhenangst hat, kann man zum Beispiel kontrollieren, indem man nicht auf Türme oder Aussichtsplattformen klettert; bei Angst vor Hunden wird es schwieriger, denn man kann in der Regel nicht vollends verhindern, einem Hund zu begegnen.)

Mit der ACT lernen Sie, Ihre eigenen Gefühle zu akzeptieren. Diese Erkenntnis ist nicht nur in einem konkreten Trauerfall überaus wertvoll, sondern sie kann Ihnen auch in alltäglicheren Situationen helfen, wann immer schlechte Gefühle oder Gedanken in Ihnen aufkommen.

## Die Wichtigkeit von Gefühlsarbeit

Sich mit den eigenen Gefühlen auseinanderzusetzen, ist die wichtigste Grundlage der Trauerarbeit. Auch wenn Sie sich nicht als emotional beschreiben würden, selbst wenn Sie dazu neigen, tendenziell keine Gefühle zu zeigen, sollten Sie in diesem Fall davon abrücken und eine Ausnahme machen. Gefühle können sich potenzieren, wenn Sie ihnen nicht die Möglichkeit geben, sie nach außen zu tragen. Wenn Sie die Gefühle unterdrücken oder *in sich hineinfressen*, arbeiten sie in Ihrem Unterbewusstsein dennoch weiter; der Schmerz und die Trauer sind nicht verschwunden, bloß weil sie die Gefühle nicht offenbaren.

Dies führt zu einem Phänomen, das der Psychiater Hans-Joachim Maaz als *Gefühlsstau* beschreibt: Unterdrückte Gefühle sammeln sich an, ähnlich wie bei einem Verkehrsstau. Irgendwann ist der Stau so groß, dass der gesamte Verkehr lahmgelegt ist, das heißt, Sie sind unfähig, echte Gefühle auszudrücken und leiden daher, so Maaz, früher oder später unter ernsthaften psychischen Problemen. Seien Sie daher aufgeschlossen Ihren Gefühlen gegenüber und versuchen Sie nicht, diese zu unterdrücken. Die ACT ist ein guter Beginn, darüber hinaus gibt es mit Sicherheit Menschen in Ihrem Umfeld, denen Sie vertrauen und mit denen Sie über Ihre Gefühle sprechen können.

## Den Schmerz nicht unterdrücken, sondern annehmen

Leider wurden insbesondere Männer noch bis vor wenigen Jahren gerne mit Sätzen wie *„Ein Indianer kennt keinen Schmerz"* oder *„Was einen nicht umbringt, macht ihn stärker"* erzogen. Der Tenor lautet also: Schmerz zu empfinden ist illegitim, selbst wenn man ihn empfindet, soll man ihn nicht zeigen, denn echte Männer halten Schmerzen aus, ohne sich zu beklagen. Dies ist natürlich kein gesunder Umgang mit Schmerzen, weder körperlicher noch seelischer Natur. Die Unterdrückung körperlicher Schmerzen ist zwar ebenso wenig sinnvoll wie die Unterdrückung seelischer Schmerzen, allerdings potenziert dieser Schmerz sich dadurch nicht. Wenn Sie sich den Kopf angestoßen haben, tut der Kopf nicht stärker weh, wenn Sie behaupten, es sei alles in Ordnung. Da dies bei seelischen Schmerzen aber der Fall sein kann, wie wir soeben gelernt haben, ist es umso wichtiger, seelischen Schmerz eben nicht zu unterdrücken, sondern möglichst liebevoll anzunehmen.

**Übung: Schmerz aktiv annehmen**

*„Hinsehen statt wegschauen"* lautet die Devise. Wenn man dem Schmerz aktiv entgegengeht, ihn im Sinne der ACT annimmt, verliert er einen Großteil seines Schreckens. Ähnlich wie bei der Gedankenstopp-Technik, bei der Sie sich ein großes, rotes Stoppschild vorstellen, können Sie sich den Schmerz hier als etwas Materielles vorstellen, sei es als Lebewesen (insbesondere Tiere funktionieren sehr gut), als Gegenstand oder etwas Abstrakteres. Jedenfalls sollten Sie gedanklich einen Schritt auf den personifizierten Schmerz zugehen können. Sagen Sie ihm direkt ins Gesicht: *Ich nehme dich an, wie du bist! Ich laufe nicht vor dir weg, sondern ich stelle mich dir! Du kannst mich nicht besiegen*! Auf diese Weise verliert der Schmerz, den Sie empfinden, seine Bedrohlichkeit, Sie sind gedanklich nicht in der Vergangenheit, sondern im Hier und Jetzt. Wann immer Sie das Gefühl haben, vom Schmerz übermannt zu werden, gehen Sie in sich und spielen gedanklich das eben beschriebene Szenario durch.

## Erlaubnis zum Trauern geben und den Schmerz ausdrücken

Erlauben Sie sich also selbst, zu trauern. Seien Sie offen für Ihre Gefühle und nehmen Sie diese an, selbst wenn sie negativ und belastend sind. Stehen Sie zu Ihren Gefühlen und erlauben Sie auch anderen Menschen in Ihrem Umfeld, ihre Gefühle offen zu zeigen. Der Zusammenhalt des Umfelds, insbesondere bei Todesfällen, ist enorm wichtig und verleiht allen Beteiligten Kraft und Energie. Erlauben Sie sich selbst und anderen also das Trauern, das Empfinden von Schmerz und den unterschiedlichen Umgang damit und geben Sie sich gegenseitig Ratschläge. Auch wenn jeder Mensch anders mit der Trauer umgeht, kann es dennoch hilfreich sein, die Bewältigungsstrategien anderer zu kennen und gegebenenfalls selbst auszuprobieren.

## Loslassen von Schuldgefühlen und Selbstvorwürfen

Nach dem Tod einer geliebten Person neigen viele Menschen dazu, sich selbst Vorwürfe zu machen: Ich bin zu wenig für die Person dagewesen, habe mich zu ihren Lebzeiten zu wenig um sie gekümmert. Diese Gefühle können zur zusätzlichen Belastung werden, da sie uns die Trauerarbeit erschweren. Betrachten wir also zunächst genauer, wo Schuldgefühle herrühren.

### Den Umgang mit Schuldgefühlen und Reue verstehen

In der Regel hat jeder Mensch eine Antwort auf die Frage parat, was er in seinem Leben bereut oder welche Situationen ihn im Nachhinein leidtun. Das können unbedachte Äußerungen sein oder auch Handlungen, die negative Konsequenzen für eine andere Person hatten, zum Beispiel nach einer Trennung. Ein gewisses Maß an Schuldgefühlen kennt also beinahe jeder von uns – und das ist auch gut so. Schuldgefühle und Reue sind Zeichen von Empathie – weil wir uns in den anderen hineinversetzen können und uns vorstellen können, dass unsere Handlung eine negative Auswirkung auf sein emotionales Empfinden gehabt hat, empfinden wir überhaupt erst Reue.

Entscheidend ist aber auch die Konsequenz für den anderen. Wenn Sie eine Beziehung einseitig beendet und Ihren Partner damit verletzt haben, empfinden Sie vermutlich Schuldgefühle ihm gegenüber. Wenn Sie allerdings wissen, dass er ein Jahr später einen anderen Gefährten kennengelernt hat, mittlerweile wieder verheiratet ist und ein glückliches Leben führt, werden sich ihre Schuldgefühle eher in Grenzen halten, als wenn ihr Ex-Partner seitdem zusehends verwahrlost und nie wieder eine gesunde Beziehung geführt hat.

Ebendieser Mechanismus führt dazu, dass unsere Schuldgefühle bei einem Trauerfall besonders stark sind. Wir wissen in diesem Moment, dass wir nie wieder gutmachen können, was wir bereuen, da der Verstorbene nicht mehr unter uns ist. Die Endgültigkeit ist es häufig, die besonders starke Reue auslöst: „Ich hätte dieses oder jenes tun sollen, aber nun ist es zu spät", „Ich konnte mich nie bei ihm / ihr entschuldigen." Diese Gefühle sind normal, auch wenn die Gedankengänge dahinter oft nicht rational begründbar sind. Wenn die Gefühle Sie überwältigen, sollten Sie es auch hier mit einer Art Tagebuch versuchen, um Ihre Emotionen besser verstehen und annehmen zu können.

**Übung: Emotionen aufschreiben**

Wenn Sie sich von Ihren Gefühlen, in diesem Fall von Schuldgefühlen, übermannt fühlen, hilft es, diese zu ordnen. Schreiben Sie auf, in welchen Situationen Ihnen welche Gefühle begegnen und was Ihnen hilft, mit Ihnen umzugehen. Zum Beispiel: *„Ich wache morgens auf, fühle mich schlecht, weil ich zu wenig Zeit mit meiner verstorbenen Mutter verbracht habe. Seit sie im Pflegeheim war, habe ich sie kaum noch besucht. Ich denke an alte Zeiten, an meine Kindheit, als sie sich um mich gekümmert hat. Ich lenke mich zunächst ab, höre etwas Musik und mache mir Frühstück. Danach eine Runde Jogging. Die Emotionen fahren langsam herunter. Dennoch muss ich immer mal wieder an sie denken."*

Auf diese Weise sortieren Sie Ihre Gedanken und erhalten wertvolle Hinweise, welche Aktionen Ihnen bei der Trauerbewältigung helfen und welche nicht.

## Sich selbst vergeben und sich von Selbstvorwürfen befreien

Die Schuldvorwürfe haben keinerlei Zweck mehr. Weder geht es Ihnen dadurch besser noch nützt es der verstorbenen Person etwas, wenn Sie sich selbst Vorwürfe machen. Daher sollten Sie sich von derartigen Gedankengängen befreien. Sich selbst zu vergeben ist keine leichte Aufgabenstellung, im Gegenteil. In der Regel kann der Mensch anderen eher verzeihen als sich selbst. Mit folgenden Übungen gehen Sie allerdings den Schritt in die richtige Richtung, bis Sie sich eines Tages hoffentlich von sämtlichen Schuldgefühlen befreit haben.

## Übungen: Sich von Selbstvorwürfen befreien

**1. Die Ursache ergründen:**
In manchen Situationen sind Schuldgefühle überaus konkret. Ich habe etwas Verletzendes gesagt – einer anderen Person geht es deshalb schlecht – ich fühle mich schuldig. Gerade im Falle von Trauer können die Schuldgefühle jedoch auch diffuser sein: „Ich war nicht genug da", „Ich habe mich nicht genug gekümmert", „Ich habe zu selten nach dem Wohlbefinden der Person gefragt." In einem solchen Fall sollten Sie zunächst ergründen, woher die Schuldgefühle kommen. Hat die betroffene Person sich diesbezüglich geäußert – „Ich würde mir wünschen, dich öfter zu sehen oder öfter von dir zu hören" – oder ist es ihr subjektiver Eindruck? Im ersteren Fall sollten Sie nach den Gründen suchen, warum Sie der Bitte nicht nachgekommen sind. Hatten Sie zu viel Stress auf der Arbeit? Mussten Sie sich um Ihre eigene Familie kümmern? Diese rationalen Argumente räumen die Gewissensbisse vielleicht nicht vollständig aus, doch sie helfen, das schlechte Gewissen zu lindern. Im letzteren Fall, wenn Sie sich also auf Ihr subjektives Empfinden berufen, wird der nächste Punkt entscheidend.

**2. Sprechen Sie mit anderen:**
Tauschen Sie sich mit anderen Hinterbliebenen, zum Beispiel Ihren Geschwistern, aus: „Bist du der Meinung, ich habe mich zu wenig um Mama gekümmert?" / „Habe ich Papa zu selten angerufen?" Es kann durchaus sein, dass Sie mit Ihrer Empfindung alleine dastehen und andere Beteiligte gegenteiliger Meinung sind: „Du hast dich doch immer vorbildlich gekümmert." Manchmal hilft ein Gespräch ungemein, um die eigene Position zu reflektieren – schämen Sie sich also nicht, zu fragen und in Austausch mit Ihren Angehörigen zu gehen.

**3. Lernen Sie aus der Situation:**
Sollte Ihr Eindruck bestätigt werden oder sich trotz gegenläufiger Meinungen nicht revidieren lassen, haben Sie die Chance, aus der Situation zu lernen: „Ich war zu selten für meine Eltern da, deshalb werde ich meinen Kindern nun erst recht viel Aufmerksamkeit zukommen lassen" oder „Ich habe so viel gearbeitet und die Familie hintenangestellt, das passiert mir ab sofort nicht mehr." Wenn Sie aus den Schuldgefühlen der Vergangenheit einen positiven Impuls für die Zukunft ziehen können, so sind diese wenigstens keine reine Belastung, sondern haben eine positive Seite der Medaille.

### Den Blick auf positive Erinnerungen lenken

Es wird weder Ihnen noch dem Verstorbenen gerecht, wenn in Ihren Erinnerungen vornehmlich Reue oder ein diffuses Schuldgefühl mit dem Verstorbenen verbunden ist. Stellen Sie stattdessen die positiven Erinnerungen heraus. Unabhängig davon, wie oft Sie diesen Menschen zuletzt gesehen haben oder wie intensiv Sie sich um ihn gekümmert haben: Sie hatten eine enge Bindung zueinander. Wenn diese nicht gegeben wäre, würden Sie schließlich nicht um diese Person trauern. Enge Bindungen bedeuten immer auch gemeinsame Erinnerungen.

Ich erinnere mich bis heute gerne daran, wie ich mit meinem Großvater auf den Spielplatz gegangen bin und er mich mit der Schaukel angestoßen hat oder wie ich mit meiner Oma lange Spaziergänge durch das Feld am Stadtrand unternommen habe. Diese Erinnerungen an sie sind wesentlich lebendiger als die Erinnerung an ihre Krankheiten oder die letzten Wochen vor ihrem Tod. So denkt man immer wieder gerne an die Großeltern zurück und beim Erinnern legt sich ein Lächeln auf die Lippen. Versuchen Sie, diese schönen gemeinsamen Momente zu konservieren und zum wesentlichen Bestandteil Ihrer Erinnerung an Verstorbene zu machen.

## Die Bedeutung des Trauerns und des Abschieds

Wir befinden uns noch immer im Prozess des Verstehens von Trauer, Schmerz und dem Prozess der Annahme dieser Gefühle. Wichtig ist an dieser Stelle, noch einmal auf die Bedeutung von Trauer und des Abschiednehmens einzugehen. Nicht umsonst gibt es in fast allen Kulturen, Religionen oder Glaubensgemeinschaften bestimmte Rituale, wie ein Abschied begangen wird. Allen gemeinsam ist, dass den Hinterbliebenen die Möglichkeit gegeben wird, dem Verstorbenen Lebewohl zu sagen und ihn auf seinem letzten Weg zu begleiten. Betrachten wir also an dieser Stelle explizit die Bedeutung der Trauer.

### Die Bedeutung von Ritualen und Abschiedsprozessen

Rituale sind überaus bedeutsam für eine gelungene Trauerbewältigung. Sie schaffen einen sicheren Rahmen, in welchem Sie Ihre Gefühle ausdrücken können. Eine Trauerfeier zum Beispiel bietet einen geordneten Rahmen, in dem man gemeinsame Erinnerungen teilen kann, sie bietet die Gelegenheit zum Austausch mit anderen Trauernden und zum Durchleben bestimmter emotionaler Erinnerungen und Augenblicke. Durch wiederkehrende Muster werden die Trauernden zudem noch zusätzlich bestärkt. Erfahrungsgemäß ist die erste Trauerfeier, die erste Beisetzung, die emotional aufwühlendste, weil man noch nicht weiß, was einen genau erwartet. Je mehr Trauerfeiern man erlebt hat, desto bekannter ist der Ablauf. Diese Bekanntheit verleiht Sicherheit und hilft so, mit den überbordenden Gefühlen umzugehen.

Dabei ist es vollkommen egal, welchem Ritual zum Beispiel bei der Bestattung gefolgt wird. Im Christentum findet im Rahmen der Beisetzung ein Gottesdienst statt, der Verstorbene wird meist in einem Sarg oder in einer Urne beigesetzt. Es wird oftmals getragene Musik gespielt und die Kirchenglocken läuten zu Ehren des Verstorbenen. Die islamische Bestattung erfolgt hingegen in der Regel sarglos, dafür gibt es deutlich strengere zeitliche Abläufe, wie genau festgelegte Gebete, rituelle Waschungen und eine Ausrichtung des Gesichts des Verstorbenen nach Mekka. In der jüdischen Religion wiederum ist die Feuerbestattung (Einäschern) untersagt, nur das Erdbegräbnis ist erlaubt. Eine weitere Besonderheit ist hier, dass der Tote nicht berührt werden darf.

Auch wenn die einzelnen Rituale sich unterscheiden, geben sie den Angehörigen und den Betroffenen Halt und Kraft. Mit Einhaltung der Rituale, so glaubt man, wird der Tote einen leichten Übergang in das Reich Gottes erfahren – oder wie auch immer der Name Gottes in der jeweiligen Religion lautet. Verschließen Sie sich also nicht vor Ritualen, sondern sehen Sie diese vielmehr als wichtigen Anker im Abschiedsprozess. Der Trauernde findet einen geordneten Rahmen vor und kann seine Emotionen bei der Durchführung eines gewissen Rituals kanalisieren. Selbst wenn Sie agnostisch oder atheistisch veranlagt sind, sollten Sie offen gegenüber religiösen Ritualen im Rahmen von Abschiedsfeiern sein und die positiven Seiten annehmen.

## Den Verlust als Teil des Lebens akzeptieren

Nur wer richtig Abschied nehmen kann, wer seinen Emotionen bei der Verabschiedung des geliebten Menschen freien Lauf lassen kann, ist in der Lage, den Verlust zu akzeptieren. Auch hierin liegt eine Stärke des ritualisierten Abschiednehmens: Wir werden uns des Verlusts gewahr und können ihn als solchen annehmen. Akzeptieren wir den Verlust nicht, sprechen Psychologen auch von sogenannter *dysfunktionaler Trauer*. Diese Art von Trauer hilft uns also nicht, unsere Gefühle zu ordnen und mit dem Schmerz umzugehen, sondern wird zur dauerhaften und stetigen Belastung.

Deshalb ist die Akzeptanz des Verlustes ein enorm wichtiger Aspekt bei der Trauerbewältigung.

Folgende Übungen können Ihnen dabei helfen:

## Übungen: Akzeptanz des Verlustes

**1. Was macht einen Verlust zum Trauerfall?**

Die Frage klingt zunächst simpel, doch ist sie tatsächlich überaus entscheidend. Was genau ist es, das uns trauern lässt? Schließlich sind wir zwar entnervt oder wütend, trauern aber nicht, wenn wir unser Portemonnaie oder einen Schlüssel verlieren. Wir sind niedergeschlagen, wenn wir unseren Job verlieren, aber auch hier scheint Trauer nicht der richtige Begriff zu sein. In den meisten Todesfällen rührt die Trauer aus der Tatsache, dass man den Menschen nie wieder sehen wird, keine Zeit mehr mit ihm verbringen kann. Doch es kann auch andere Motive geben. Ein Bekannter erzählte mir vor Jahren, er habe sehr lange um seine Mutter getrauert, weil er sich ihr gegenüber nie als homosexuell geoutet hatte; er habe es immer fest vorgehabt und dann sei es zu spät gewesen, es habe also *ein wertvolles Puzzlestück in der Beziehung* gefehlt, so formulierte er es. Auch unausgesprochene oder unausgetragene Konflikte können eine Belastung sein, die die Trauerarbeit erschwert. Machen Sie sich also klar, warum der Verlust Sie trauern lässt.

**2. Die Natürlichkeit anerkennen:**

Dies soll keineswegs gefühllos klingen, aber der Tod gehört als fester Bestandteil zum Leben dazu. In den ersten Trauerphasen wollen und können wir diese Tatsache oft nicht realisieren, deshalb hilft sie uns auch nicht weiter. In einem späteren Stadium des Trauerprozesses allerdings kann es durchaus helfen, wenn wir uns bewusst machen, dass wir im Laufe unseres Lebens in der Regel häufiger mit dem Tod konfrontiert sind. Letzten Endes können Sie sich nicht dagegen wehren, versuchen Sie also, den Tod und die Trauer in ihrer Natürlichkeit anzunehmen und die oft schmerzvolle Erfahrung eben auch als wertvolle Erfahrung für sich anzuerkennen.

**3. Aufschreiben, was nicht verloren geht:**

Auch wenn ein geliebter Mensch stirbt, lebt er, wie der Volksmund sagt, in unseren Erinnerungen weiter. Es gibt Erinnerungen an schöne Momente, Prägungen, wertvolle Erlebnisse, die Ihnen niemand nehmen kann, auch wenn der Mensch, mit dem Sie sie erlebt haben, nicht mehr lebt. Insbesondere im Falle des Verlusts eines Elternteils wird deutlich: Unsere Eltern haben uns derart geprägt, haben unser gesamtes Leben so maßgeblich beeinflusst, dass sie niemals *verschwunden* sein können. Sie leben in uns weiter. Aber auch die Geschichte, die der verstorbene Onkel Ihnen als Kind immer vorgelesen hat, oder die Dinge, die Ihnen Ihre verstorbene Großmutter über die heimischen Bäume und Blätter beigebracht hat, bleiben als Erinnerung und als Wissen bestehen. Werden Sie sich dessen bewusst, dass auch ein Trauerfall nicht gleichbedeutend mit einem absoluten Verlust ist, sondern dass gewisse Dinge immer bleiben.

## Die eigenen Grenzen und Bedürfnisse in der Trauerarbeit respektieren

Nicht jeder Mensch ist gleichermaßen belastbar, weshalb auch die Trauerarbeit in ihrem Ausmaß und ihrer Intensität von jedem Menschen anders aufgenommen wird. Der eine hat keinerlei Probleme damit, intensiv mit den eigenen Gefühlen zu arbeiten, die andere braucht nach einer langen Beschäftigung mit den eigenen Emotionen erst einmal eine Pause.

Nehmen Sie auf alle Fälle Rücksicht auf individuelle Bedürfnisse im Rahmen der Trauerarbeit. Wonach steht Ihnen der Sinn? Benötigen Sie momentan eher Ruhe oder eher Austausch, eher Ablenkung oder eher intensive Beschäftigung mit Ihren Gefühlen und Gedanken? Diese Fragen können letzten Endes nur Sie selbst beantworten und Sie können andere darum bitten, entsprechend Rücksicht zu nehmen. Hören Sie in sich hinein und nehmen Sie sich die Pausen, wann immer Sie sie benötigen. Jeder Mensch hat seine Grenze und diese sollte keinesfalls überschritten werden, um die Trauerarbeit nicht zur emotionalen Belastung werden zu lassen.

# Schritt 3: Sich selbst Gutes tun

*„Man muss Gutes tun, damit es in der Welt sei.“*

(Marie von Ebner-Eschenbach)

Wenn wir trauern, steht oft die verstorbene Person im Mittelpunkt unserer Gedanken- und Gefühlswelt. Das ist vollkommen normal und verständlich, dennoch dürfen wir uns selbst dabei nicht vergessen. Es mag daher nur auf den ersten Blick kontraintuitiv erscheinen, dass man nach einem Todesfall sich selbst etwas Gutes tun soll. Doch bedenken Sie: Sie sind derjenige oder diejenige, die mit der Trauer und all Ihren emotionalen Folgen umgehen muss. Üben Sie sich daher in dem, was in neuerer Ausdrucksweise gerne als *Self Care* beschrieben wird.

## Selbstfürsorge und das Erkennen eigener Bedürfnisse während der Trauer

Self Care – zu Deutsch: Selbstfürsorge – ist ein wichtiger Baustein der Trauerbewältigung. Dafür bedarf es einer gesunden Selbstreflexion. Sie müssen Ihre eigenen Bedürfnisse erkennen und sich einen Plan zurechtlegen, wie sie auf diese reagieren können. Hier ein Beispiel: Ich brauche jetzt Ruhe und Entspannung, deshalb gehe ich am Wochenende in eine Therme und entspanne mich dort. Oder: Ich brauche Ablenkung und Bewegung, deswegen gehe ich erst zum Sport und treffe mich danach mit Freunden. Auch hier ist es wichtig, zu erwähnen, dass es kein Richtig und Falsch gibt, sondern nur Ihr Bedürfnis, welches durchaus legitim ist.

### Die Bedürfnispyramide nach Maslow

Wie aber schafft man es, die eigenen Bedürfnisse zu erkennen? Was einfach klingt, ist bei genauerer Betrachtung überaus kompliziert, zumindest, wenn es sich nicht um *Grundbedürfnisse* handelt. Der US-amerikanische Psychologe Abraham Maslow (1908–1970) unterschied in seinem noch heute häufig zitierten Modell der *Bedürfnishierarchie* fünf verschiedene Stufen von menschlichen Bedürfnissen, die er als Pyramide anordnete.

**Biographie:**

**Abraham Maslow** wurde im Jahr 1908 in New York als Sohn jüdischer Einwanderer aus Osteuropa geboren. Aufgrund des Fremdheitsgefühls in der amerikanischen Gesellschaft wuchs Abraham isoliert auf und verbrachte mehr Zeit mit dem Lesen als mit anderen Kindern.

Nach erfolgreichem Schulabschluss begann er ein Studium der Psychologie in Wisconsin, an der dortigen Universität promovierte er im Jahr 1934 auch und erhielt im Anschluss eine Professur in seiner Geburtsstadt New York, 1951 wechselte er die Universität und lehrte fortan in Boston.

Seit Beginn seiner psychologischen Forschung beschäftigte sich Maslow intensiv mit dem Konzept der Identität – auch geprägt durch die eigene Identitätskrise als Einwandererkind. Erfahrungen und Bedürfnisse der Individuen stehen in seiner Psychologie an erster Stelle. Aufgrund seiner Fokussierung auf den Mensch, sein Empfinden und seine Motivationen wird seine Lehre auch als *Humanistische Psychologie* bezeichnet.

Aus diesem Ansatz entstand unter anderem die Bedürfnispyramide, die als psychologisches Grundmodell bis heute vielfach zitiert wird. 1967 wurde er dafür sogar als „Humanist des Jahres" geehrt. Drei Jahre später starb Abraham Maslow an einem Herzinfarkt. Er hinterließ eine *positive*, menschenorientierte Psychologie, die über seinen Tod hinaus wirkt.

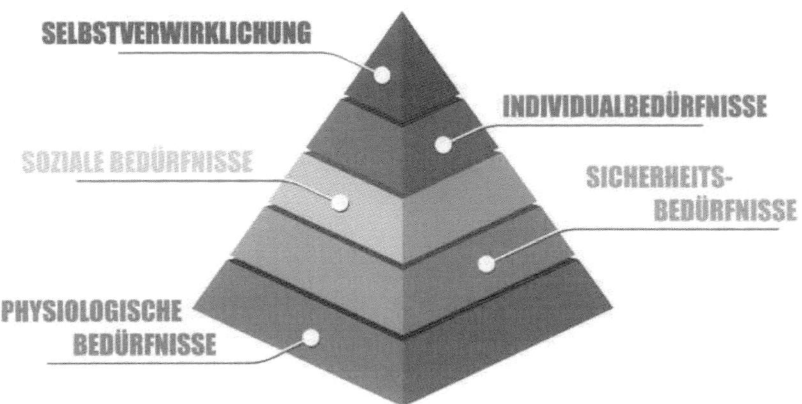

Auf der untersten Stufe der Pyramide, also sozusagen auf dem Fundament, stehen die Grundbedürfnisse, auch physiologische Bedürfnisse genannt. Kurz gesagt wird hier alles subsumiert, was zum Leben notwendig ist: Atmung, Essen und Trinken, Schlaf, Fortpflanzung.

Sind diese befriedigt, ergibt sich eine zweite Stufe, nämlich das Sicherheitsbedürfnis. Wir wollen nun neben dem reinen Überleben auch eine gewisse Sicherheit haben, also einerseits einen geschützten Raum, zum Beispiel eine abschließbare Wohnung, andererseits aber auch materielle Sicherheit, also finanzielle Grundsicherung, eine bezahlte Arbeit.

Sind diese Bedürfnisse ebenfalls gesichert, was auf die meisten Menschen in den modernen Industriestaaten zutrifft, entstehen soziale Bedürfnisse. Der Mensch will nun zu einer bestimmten Gruppe gehören, er sucht den Kontakt zu anderen Menschen und strebt nach Freundschaften, partnerschaftlichen Beziehungen und sozialem Austausch mit anderen. Auch das Bedürfnis nach Liebe und Zärtlichkeit fällt in diese Kategorie.

Die vierte Stufe ist schließlich die der sogenannten Individualbedürfnisse, diese sind abhängig vom jeweiligen Individuum und seinem Selbstbild: sportlicher Erfolg, beruflicher Erfolg, materieller Wohlstand, individuelle Freiheit etc. zählen zu dieser Kategorie.

Auf der fünften und letzten Stufe befindet sich die *Selbstverwirklichung*. Sind alle anderen Bedürfnisse erfüllt, will der Mensch sein persönliches Potenzial frei entfalten. Er will als Mensch mit seinen Fähigkeiten anerkannt werden und das Beste aus seinem Leben machen. Wie immer in Maslows Modell gilt: Erst wenn die Bedürfnisse einer Ebene erfüllt sind, kommen die der nächsthöheren Ebene überhaupt auf. Jemand, dessen Grundbedürfnisse nicht befriedigt werden können, kann sich noch nicht mit Fragen der Sicherheit beschäftigen; jemand, dessen soziales Bedürfnis unbefriedigt bleibt, wird erst dieses befriedigen, bevor er sich mit Individualbedürfnissen auseinandersetzt.

Je höher wir die Pyramide erklimmen, desto schwieriger wird es, die exakten Bedürfnisse zu definieren. Dass wir Hunger haben, frieren oder zur Toilette müssen, spüren wir intuitiv und wir wissen auch sofort, wie diese jeweiligen Grundbedürfnisse zu befriedigen sind, doch was ein guter Job für uns bedeutet – materieller Wohlstand oder individuelle Freiheit/Flexibilität oder eine Mischung aus beidem – ist uns selbst nicht immer bewusst.

Die Selbstfürsorge ist in der Pyramide auf der Ebene der Individualbedürfnisse einzuordnen. *Ich brauche jetzt Ruhe*. Um herauszufinden, welches Bedürfnis Sie aktuell verspüren und wie Sie es am besten befriedigen, gibt es eine hilfreiche Technik:

**Übung: Sich selbst befragen**

Wenn wir andere Menschen fragen, wie es ihnen geht, wollen wir etwas über den Gemütszustand des anderen herausfinden. Doch warum fragen wir an sich immer nur andere Menschen nach ihrem Befinden? Warum fragen wir uns nicht selbst? Bei der Selbstbefragung tun wir genau das: Wir treten mit uns selbst in den Dialog und befragen uns so, als ob wir eine andere Person wären. „Wie geht es Dir heute?" – „Nicht so gut. Ich fühle mich müde." – „Und warum?" – „Ich habe schlecht geschlafen." – „Gab es dafür einen bestimmten Grund?"

So oder so ähnlich sähe ein Dialog mit einem Freund aus, den wir nach seinem Gemütszustand fragen. Nehmen Sie das Gedankenexperiment ernst und fragen Sie genauso interessiert und konsequent nach, als ob es sich um einen Freund handelt. Bei uns selbst glauben wir oftmals, die Antworten zu kennen, tun es aber de facto nicht immer. Gehen Sie kleinteilig vor und stellen Sie viele Nachfragen: „Warum hast du schlecht geschlafen?", „Seit wann bist du unruhig?", „Gibt es Phasen, in denen du dich besser fühlst?", „Was würde dir jetzt guttun?" ...

## Körperliche und mentale Selbstpflege

Schon die alten Römer kannten den Grundsatz: *Gesunder Geist in gesundem Körper*. Körperliches und geistiges Wohlbefinden hängen in der Tat eng zusammen. Vielleicht kennen Sie das Gefühl, wenn Sie ein paar Kilogramm zu viel auf die Waage bringen und nicht dazu kommen, Sport zu treiben, weil Sie im Job und privat vollends ausgelastet sind. Nicht nur der Körper fühlt sich dadurch schwerer an, sondern im übertragenen Sinne auch der Kopf. Selbstpflege kann also mental erfolgen, wie etwa durch Entspannungsübungen, Meditation oder Wellness, die körperliche Komponente sollte dabei jedoch nicht außer Acht gelassen werden.

Sport, ausreichend Bewegung, insbesondere an der frischen Luft, und eine gesunde Ernährung sind genauso wichtig wie mentale Entspannung. Testen Sie daher aus, wie Sie beide Aspekte unter einen Hut bringen können. Versuchen Sie, mentale Entspannung zu finden und auf der anderen Seite durch gesunde Ernährung und Bewegung Ihren Körper resilienter zu machen. Wichtig ist, dass Sie sich in Ihrem Körper wohlfühlen, denn durch den Trauerfall sind Sie bereits genug aus der Bahn geworfen worden, sodass Sie nicht noch zu allem Überfluss mit sich selbst hadern sollten.

## Den eigenen Rhythmus und die Grenzen beachten

Auch hier gilt wieder: Beachten Sie Ihre Kapazitätsgrenzen. Ausnahmen sind jederzeit erlaubt! Wenn Sie sich an einem Tag nicht gut fühlen, müssen Sie keinen Sport treiben. Genauso gut können Sie an diesem Abend zu Hause bleiben und es sich gemütlich machen, wenn Sie der Ansicht sind, dass Ihnen das in diesem Moment besser hilft als alles andere. Auch ist nicht jeder Mensch gleichermaßen physisch belastbar: Manche machen jeden Tag Sport, andere brauchen nach einer intensiven Einheit 1–2 Tage Pause.

Hören Sie also in sich hinein, wenn es um die Belastungssteuerung geht. Passen Sie Ihre Aktivitäten bewusst Ihrem Rhythmus an, um zu verhindern, dass Sie überdrehen oder zu wenig machen. Denken Sie immer daran – es geht um Ihre Gesundheit und um Ihr Wohlbefinden! Daher sollten Sie das tun, was sich für Sie am besten anfühlt. Mit folgendem Ritual können Sie in sich hineinhören:

**Übung: Body-Scan**

Gehen Sie in einem ruhigen Moment Ihren gesamten Körper systematisch von oben nach unten durch. Suchen Sie dafür einen Ort auf, an dem Sie einen kurzen Moment ungestört sind. Viele Arbeitgeber bieten mittlerweile Rückzugsmöglichkeiten oder separate Räumlichkeiten an, zu Hause können Sie Ihr eigenes Zimmer dazu nutzen. Sie sollten den Body-Scan in jedem Fall aufrecht stehend durchführen, denn so können Sie den Körper am besten systematisch von oben nach unten durchgehen.

Beginnen Sie beim Kopf und enden Sie bei den Füßen. Gibt es irgendwo Verspannungen? Fühlen Sie sich irgendwo unwohl? Zwickt die Muskulatur oder gibt es Stellen, an denen Sie sich unbeweglich fühlen? Wenn ja, versuchen Sie, die Stelle bewusst durch Atmung und Muskelentspannung zu lockern. Dehnen Sie Ihre Muskulatur an der entsprechenden Stelle, lassen Sie Ihre Schultern kreisen und atmen Sie durch die Nase tief ein und aus, um die Verspannung zu lockern.

## Einfühlsame Kommunikation mit sich selbst

Wir haben bereits über Schuldgefühle gesprochen. Insbesondere, wenn Sie von diesen geplagt werden, verlieren Sie unter Umständen die Wertschätzung für sich selbst. Genauso wie Sie andere jederzeit respektieren sollten, sollten Sie sich selbst ebenfalls respektvoll behandeln. Auch wenn Sie sich Vorwürfe machen oder der Meinung sind, dass Sie Fehler gemacht haben, sagt das noch nichts über Sie als Person aus. Ein Mensch kann Fehler machen, ohne ein schlechter Mensch zu sein, unabhängig von konkreten Handlungen ist er als Person so *okay,* wie er ist.

## Die Transaktionsanalyse

Ein bekanntes Tool zur Analyse von menschlicher Kommunikation ist die sogenannte Transaktionsanalyse. Sie analysiert das Verhältnis der Sprechenden untereinander, aber auch zu sich selbst. Dabei gibt es vier Grundpositionen, die ein Mensch einnehmen kann:

- „Ich bin okay – Du bist okay“
- „Ich bin okay – Du bist nicht okay“
- „Ich bin nicht okay – Du bist okay“
- „Ich bin nicht okay – Du bist nicht okay“

Zweifelsohne ist die erste der vier Grundpositionen die gesündeste. Hier nehmen wir sowohl unser Gegenüber als auch uns selbst als in Ordnung wahr. Für den Prozess der Trauerbewältigung kann es ungemein hilfreich sein, dies zu erkennen. Mein Umgang mit der Trauer ist okay, meine Gefühle sind in Ordnung, so wie sie sind. Die Gefühle und Bewältigungsstrategien der anderen sind aber genauso richtig und genauso okay.

Da Sie okay sind, wie Sie sind, sollten Sie einfühlsam mit sich umgehen, mit anderen Worten: Seien Sie nicht so hart zu sich selbst. Versuchen Sie, sich selbst positiv zu sehen, so wie Sie auch andere Menschen positiv beurteilen, wenn Sie etwas Gutes tun. Wichtig ist, um zu einer positiven Grundposition zu gelangen, dass Sie auch mit einer positiven Grundeinstellung durch den Alltag gehen. Insbesondere nach einem Trauerfall fällt das enorm schwer. Man neigt dazu, die Dinge eher in einem negativen Licht zu sehen. Gerade deshalb möchte ich Sie dazu ermutigen, es auszuprobieren und sich den positiven Gedankengängen und Wahrnehmungen nicht zu verschließen. Probieren Sie es aus, es ist nur zu Ihrem Besten! Auch hier gilt: Gehen Sie Ihr Tempo; niemand erwartet, dass Sie kurz nach einem Trauerfall bereits wieder freudestrahlend durchs Leben gehen. Versuchen Sie, Schritt für Schritt die Positivität zurückzuerlangen.

**Übung: Morgendliches Brainstorming**

Mit dieser Übung beginnen Sie den Tag bereits mit positiven Gedanken. Wenn Sie morgens aufwachen, gehen Ihnen meistens schon die ersten Gedanken durch den Kopf. Schreiben Sie diese auf, unabhängig davon, ob Ihnen die Gedanken im ersten Moment sinnvoll oder zielführend erscheinen oder nicht. Es handelt sich um eine freie, assoziative Form des Brainstormings. Am Ende haben Sie einen oder mehrere Zettel mit Ihren Gedanken – die sogenannten *Morgenseiten* – gefüllt. Sie werden sehen, dass Sie durch diese Entleerung Ihrer Gedanken direkt am Morgen eine Menge über sich selbst lernen können, zum Beispiel, was Sie unmittelbar nach dem Aufstehen beschäftigt, also noch bevor Sie den Reizen Ihrer Umwelt, Ihres Arbeitsplatzes etc. ausgesetzt sind. Etablieren Sie das morgendliche Brainstorming und die Morgenseiten als eine Routine. Mehr als fünf bis zehn Minuten benötigen Sie hierzu meistens nicht.

## Finden von gesunden Bewältigungsstrategien

Eine effektive Trauerbewältigung ist abhängig von der Wahl der Bewältigungsstrategie. Wir haben bereits einige solcher Strategien und die passenden Übungen hierzu kennengelernt. Achten Sie bei der Wahl der Strategie darauf, eine gesunde Variante auszuwählen. Etwas zugespitzt formuliert könnte man sagen: Bewegung und Achtsamkeit statt Isolation und Stillstand. Es kann nicht oft genug erwähnt werden: Jeder Mensch ist anders und trauert anders. Fühlen Sie sich nicht unter Druck gesetzt, Sie müssen nichts tun, was Sie nicht wollen, es geht einzig und allein um Ihr Wohlbefinden. Dieses steigt jedoch erwiesenermaßen nachhaltig, wenn Sie sich gesund fühlen. Wählen Sie daher möglichst gesunde Bewältigungsstrategien aus, um die Trauer nachhaltig zu überwinden.

### Bewegung und Sport als Ausdruck der Trauer

Kommen wir an dieser Stelle noch einmal auf das Prinzip *gesunder Geist in gesundem Körper* zu sprechen. Wenn wir von negativen Gedanken belastet werden, neigen wir dazu, uns nach Entspannung und Ablenkung zu sehnen. Unter Entspannung verstehen viele allerdings fälschlicherweise eine Form der passiven Entspannung, bei der man auf dem Sofa sitzt und sich von TV- oder Netflix-Inhalten berieseln lässt. Diese Form der Entspannung ist jedoch nicht nachhaltig, denn sie bietet den Mehrwert lediglich in dem Moment, in dem sie praktiziert wird. Sobald Sie aufgestanden sind, ist das Gefühl verflogen und die Trauer holt Sie wieder ein.

Eine nachhaltige Methode zum aktiven Abschalten ist daher Sport. Sport kann entspannen und Energie freisetzen, zugleich ist der Effekt langanhaltend, denn der Körper und dementsprechend auch der Geist werden gesünder und leistungsfähiger, wenn sie regelmäßig trainiert werden. Im nächsten Schritt der Trauerbewältigung bauen Sie also 30 Minuten Sport, man könnte auch allgemeiner *Bewegung* sagen, in Ihren Alltag ein. Von Laufengehen bis Liegestütze ist alles möglich. Im besten Fall variieren Sie dabei ein wenig, um den gesamten Bewegungsapparat zu mobilisieren. Je nachdem, wie intensiv Sie den Sport betreiben, kann auch durchaus ein Tag Pause zwischendurch angebracht sein. Leichte Bewegungsübungen können Sie aber tatsächlich täglich einbauen, selbst wenn es nur ein kurzes Dehnen der Muskulatur ist.

**Übung: 30-Minuten-Workout**

Um sportlich agil und fit zu bleiben, müssen Sie sich nicht zwangsweise im Fitnessstudio anmelden. Auch zu Hause können Sie effektive Fitness-Übungen durchführen. Beginnen Sie mit fünf Minuten des Auflockerns und Dehnens der Muskulatur. Gerade wenn Sie nicht regelmäßig Sport treiben, ist das Dehnen ungemein wichtig, um Muskelzerrungen vorzubeugen.

Anschließend beginnen Sie mit einem 15- bis 20-minütigen intensiven Workout. Beginnen Sie zum Beispiel mit 20 Kniebeugen, machen Sie eine kleine Pause zwischendurch, fahren Sie fort mit 20 Liegestützen (für Einsteiger sind auch Damenliegestütze in Ordnung), machen Sie wieder eine kleine Pause und beenden Sie den ersten Teil mit 20 Situps. Auch hier gilt: Übernehmen Sie sich nicht! Machen Sie so viel, wie Sie können, für den Beginn kann es auch weniger sein, im Laufe der Zeit sollten Sie die Anzahl der Wiederholungen und die Intensität des Trainings aber steigern.

Weitere effiziente Übungen, die Ihre Fitness und Kraft verbessern, sind zum Beispiel Planks, der „Mountain-Climber" oder der „Spiderman".

Haben Sie Ihr Workout geschafft, bleiben Ihnen noch ein paar Minuten Zeit für aktive Entspannung. Lockern Sie die Muskeln, atmen Sie bewusst tief ein und aus oder verwenden Sie eine der bereits vorgestellten Atemtechniken, um den Puls zu senken. Sie werden sehen, dass Sie nach Ihrem Workout körperlich fitter und stabiler sind, was Ihrer mentalen Gesundheit ebenfalls zuträglich ist.

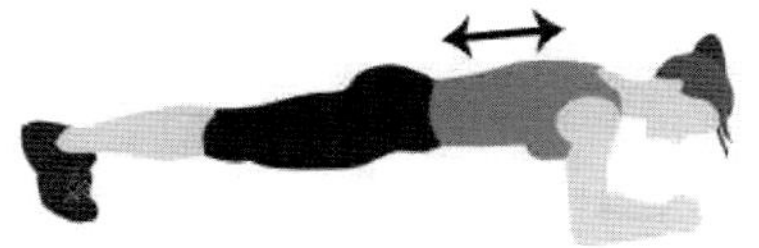

*(Plank)*

*(Mountain-Climber)*

*(Spiderman)*

## Kreative Ausdrucksformen

Auch das Ausleben von Kreativität und individuellen Ausdrucksformen kann bei der Trauerbewältigung hilfreich sein. Wenn wir Gemälde, Musikstücke oder Filme betrachten, werden wir feststellen, dass die Werke, die uns berühren, häufig ein persönlicher Ausdruck des Künstlers oder der Künstlerin sind. Der Künstler verarbeitet die Welt anders, weil er mit ihr hadert, sich mit seiner eigenen Person oder seinem Umfeld uneins ist. Daher versucht er, die Welt musizierend, dichtend oder malend zu erschließen.

In einer ähnlichen Situation befinden Sie sich, wenn Sie trauern. Sie hadern mit den Ereignissen und mit der Welt um Sie herum. Vielleicht haben auch Sie eine kreative Ader, die Sie bisher noch nicht kannten oder die Sie bereits kannten, aber noch nicht ausgelebt haben. Versuchen Sie sich in der kreativen Verarbeitung Ihrer Trauer, wenn Sie daran interessiert sind. Offenheit kann niemals schaden, insbesondere in einer Extremsituation wie einem Trauerfall können vollkommen neue Methoden zum Glücksgriff werden. Selbst, wenn Sie sich nicht als besonders kreativen Menschen beschreiben würden, spricht nichts dagegen, es einmal zu testen.

Es geht hierbei schließlich nicht um die künstlerische Qualität dessen, was Sie schaffen. Wenn Sie beispielsweise ein Gedicht schreiben, geht es nicht darum, sich mit Goethe oder Rilke zu messen, sondern wichtig ist, dass Ihre inneren Empfindungen, Ihre Gefühle dabei zum Ausdruck kommen können, und auch zum Beispiel beim Malen ist es wichtiger, Ihre Emotionen auf die Leinwand zu bringen, als der neue Picasso zu werden. Probieren Sie sich aus und vielleicht werden Sie bald feststellen, dass Ihnen eine kreative Ausdrucksform bei der Trauerbewältigung hilft.

## Übungen: Kreative Trauerbewältigung

**1. Ein Erinnerungsstück basteln:**

Nehmen Sie einen Gegenstand, der Sie an die verstorbene Person erinnert. Dies kann ein Gegenstand sein, der dem Verstorbenen direkt gehört hat, beispielsweise eine Uhr, ein Kugelschreiber oder eine Krawatte. Basteln Sie daraus eine kleine Erinnerung an diesen Menschen. Alternativ können Sie auch einen anderen Gegenstand nehmen, mit dem Sie dennoch eine direkte Erinnerung an den Verstorbenen verbinden. Auch das kreative Gestalten von Trauerkarten oder die Bearbeitung gemeinsamer Fotos kann den Prozess des Abschiednehmens und des Erinnerns begleiten. Wenn Sie ohnehin von Erinnerungen überwältigt werden, kann es hilfreich sein, diese so zu kanalisieren. Mit einem schönen Foto oder einer schönen Karte werden die Erinnerungen in einen positiven Kontext gerückt.

**2. Emotionen rauslassen (Musik, Malerei):**

Wenn uns die Emotionen übermannen, müssen wir sie manchmal herauslassen, sei es durch einen lauten Schrei, Weinen oder sogar Lachen (wenn es keine andere Möglichkeit der Verarbeitung gibt). Die Emotionen brauchen ein Ventil. Dieses Ventil kann auch künstlerischer Natur sein, zum Beispiel werden hyperaktive Kinder und Jugendliche unter anderem mit Musiktherapie behandelt und lernen, Ihre überschüssige Energie auf das Musikinstrument umzuleiten. Wenn Sie die Emotionen verspüren, lassen Sie diese lieber an einem Schlagzeug heraus, anstatt sie aufzustauen. Oder Sie nehmen eine Leinwand und zeichnen oder malen so schnell und assoziativ, wie Sie können. Sie bringen so die Emotionen, die aus Ihnen herausschießen, direkt auf die Leinwand.

**3. Die Gedanken in Worte fassen (Schreiben):**

Ebenso wie ein Gespräch mit anderen kann auch das Aufschreiben von Emotionen ein guter Kanal sein. Wann immer Sie Ihre Gedanken in Worte fassen, setzen Sie sich aktiv mit ihnen auseinander. Wenn Sie zudem aktuell niemanden haben, dem Sie spontan Ihre Gedanken und Gefühle eröffnen können, haben Sie durch die Möglichkeit, zu schreiben, dennoch ein passendes Ventil gefunden, um ihnen Ausdruck zu verleihen. Notieren Sie alles so, wie Sie es empfinden, Sie sind an keine Form und keinen Stil gebunden. Am besten transportieren Sie Ihre Emotionen 1:1 in den Text.

## Achtsamkeit und Meditation zur Stärkung des emotionalen Wohlbefindens

Meditation ist längst auch in unseren Breitengraden angekommen und wird vielerorts als äußerst hilfreiche Methode praktiziert, um die eigenen Emotionen zu stärken. Es gibt dabei zahlreiche Meditationsarten, die uns dabei helfen, unsere Achtsamkeit und innere Mitte zu stärken. Besonders hilfreich ist die sogenannte *Achtsamkeitsmeditation*.

**Übung: Achtsamkeitsmeditation**

Nehmen Sie eine aufrechte Sitzhaltung ein und richten Sie Ihre Achtsamkeit auf Ihre Gefühle, Gedanken und Empfindungen. Beobachten Sie diese und erlauben Sie sich, zu erkennen, dass Sie in diesem Moment nicht mehr Ihre Gedanken sind. Sie exponieren sich sozusagen und begeben sich in die Rolle des Beobachters. Sämtliche Gedanken und Gefühle sind Momentaufnahmen, das wird nun deutlich, und es ist kein Problem, diese *loszulassen*.

Ursprünglich stammt die Achtsamkeitsmeditation aus dem Buddhismus. Probieren Sie auch diese Methode mehrfach, denn für sie braucht man ein wenig Erfahrung mit der Meditation. Sollte sie bei Ihnen wirken, werden Sie Ihre Gedanken und Gefühle wesentlich besser verstehen und können sie mit großer Gelassenheit ertragen und akzeptieren.

Wenn Ihnen die Achtsamkeitsmeditation und das Beobachten der eigenen Gefühle aus der Vogelperspektive schwerfallen, können Sie zum Einstieg auch andere Meditationsformen ausprobieren – es gibt derart vielfältige Möglichkeiten, dass auch für Sie sicherlich etwas dabei ist.

## Übungen: Weitere Meditationstechniken

**Atemmeditation**

Dabei konzentrieren Sie sich auf Ihren Atem und atmen bewusst und geführt nach dem Schema: vier Sekunden durch die Nase einatmen, sechs Sekunden die Luft anhalten, acht Sekunden durch die Nase ausatmen. Diese Atemtechnik senkt in stressigen Situationen automatisch die Herzfrequenz und sorgt für innere Ruhe und Ausgeglichenheit. Es gibt auch weitere Atem-Schemata, etwa die Quadratatmung (jeweils vier Sekunden durch die Nase einatmen, Luft anhalten, durch die Nase ausatmen, wieder Luft anhalten). Hier können Sie für sich herausfinden, welches Atem-Schema Ihnen am besten hilft, um Stress und negative Gedanken zu lösen.

**Entspannungsmeditation**

Setzen Sie sich in einer bequemen und aufrechten Haltung (gerader Rücken) auf den Boden und schließen Sie die Augen. Blenden Sie alle Geräusche um sich herum aus und konzentrieren Sie sich ganz auf sich selbst. Konzentrieren Sie sich auf Ihre Atmung und atmen Sie bewusst tief durch die Nase ein und aus. Spüren Sie, wie Ihr Körper den Sauerstoff aufnimmt und wieder abgibt. Sie sind ruhig und konzentriert. Stellen Sie sich vor, Sie wandern über eine grüne Wiese in den Bergen. Dort gibt es Blumen, Schmetterlinge und viel grünes Gras. Sie atmen den Duft der wilden Blumen und des noch leicht vom Morgentau befeuchteten Grases ein. Es ist ruhig, um Sie herum gibt es nur die Natur. Ihre Gedanken fokussieren sich auf diese herrliche Landschaft, Sie denken an nichts anderes mehr – es gibt keine Ablenkung, nur diesen Moment. Sie laufen weiter durch das Gras und entdecken hinter einem kleinen Bergvorsprung einen See. Das Wasser plätschert vor sich hin. Es ist kühl und klar. Sie hören auf das Plätschern des Wassers. Atmen Sie weiter tief ein und aus und konzentrieren Sie sich nur auf sich und die Natur, die Sie umgibt. Laufen Sie in Gedanken um den See herum, über die Wiese, und atmen Sie einfach weiter. Spüren Sie Ihre innere Mitte? Sie sind ganz bei sich. Es gibt keine negativen Gedanken, keine Ängste mehr. Alles ist gut, so wie es ist. Sie öffnen die Augen und sind vollkommen ausgeruht und entspannt wieder im Hier und Jetzt.

**Dynamische Meditation**

Dies ist die anstrengendste und aktivste Form der Meditation. Lassen Sie Ihren Gefühlen einfach freien Lauf. Schreien Sie, weinen Sie, tanzen Sie, bewegen Sie sich. Dies muss nicht geordnet stattfinden, wichtig ist nur, dass Sie Ihre Gefühle damit zum Ausdruck bringen. Die dynamische Meditation bezieht sich auf den Aspekt, den wir eingangs bereits besprochen haben, nämlich *Emotionen und Gefühle zuzulassen und zu kontrollieren*. Die dynamische Meditation kann dadurch äußerst befreiend wirken. Probieren Sie also zumindest einmal aus, ob diese Technik etwas für Sie ist.

## AUFRECHTERHALTUNG EINES GESUNDEN LEBENSSTILS TROTZ TRAUER

Nach einem Trauerfall neigen manche Menschen zu einer kurzzeitigen Resignation. Alles erscheint gleichgültig im Angesicht der Trauer: „Ist doch egal, was ich mache. Was bedeutet das noch?" Diese Gedanken sind vollkommen nachvollziehbar, die Trauer ist das alles bestimmende Gefühl, man kann sich nur schwer von ihr lösen. Allerdings ist es keinesfalls egal, was Sie tun und wie Sie Ihr Leben gestalten, denn Sie sind weiterhin unter Menschen, haben Familie, Freunde, Kollegen, die Sie umgeben. Sich *gehen zu lassen*, wie man umgangssprachlich gerne sagt, ist daher keine gute Option. Versuchen Sie, nachdem Sie die ersten, stark ausgeprägten Trauerphasen überwunden haben, wieder zu einem gesunden Lebensstil zurückzukehren. Tun Sie sich selbst und Ihrem Umfeld einen Gefallen und achten Sie auf sich! Sie sind wichtig und es gibt viele Menschen, denen Sie wichtig sind.

### Ausgewogene Ernährung und ausreichend Schlaf

#### Ausgewogene Ernährung

Das Prinzip des gesunden Geistes im gesunden Körper ist nun hinlänglich bekannt. Neben Sport und Bewegung gehört hierzu zweifelsfrei auch die Ernährung. Beginnen Sie damit, sich bewusster zu ernähren. Erstellen Sie eine Liste mit:

- Lebensmitteln, auf die Sie verzichten können: Dies sollten vornehmlich ungesunde, das heißt zuckerhaltige und fetthaltige Lebensmittel sein.

- Lebensmitteln, die Sie vermehrt essen wollen: Die meisten von uns essen zu wenig Obst und Gemüse. Nicht alles schmeckt dabei jedem, doch es gibt kaum einen Menschen, der keinerlei Geschmack an Obst und Gemüse findet. Listen Sie also Produkte auf, die Ihnen schmecken, und versuchen Sie, diese verstärkt zu konsumieren.

- Lebensmitteln, die Sie neu ausprobieren möchten: Es gibt jede Menge gesunde und wohlschmeckende Lebensmittel, die wir erst im Laufe der letzten Jahre im europäischen Raum zu schätzen gelernt haben. Zögern Sie nicht und probieren Sie entsprechende Lebensmittel aus. Seien Sie offen für Neues und unterstützen Sie so Ihre gesunde Ernährung.

Eine bewusste Ernährung fördert Konzentration und Leistungsfähigkeit. Sie fühlen sich körperlich gesünder, was auch Ihren Geist fördert. Je stabiler Sie sich fühlen (körperlich und mental), desto besser können Sie auch die Trauer verarbeiten.

## Gesunder Schlaf

Wir haben bereits gelernt, dass geregelte Uhrzeiten wichtig für einen gesunden Schlaf sind. Außerdem tut auch der Sport sein Übriges. Wenn Sie körperlich fit sind, schlafen Sie in der Regel auch besser. Dennoch haben viele Menschen das Problem, dass sie vor dem Zubettgehen wieder vermehrt mit negativen Gedanken konfrontiert sind – sei es aufgrund des TV- oder Handykonsums. Auch hier kann ein festes Ritual hilfreich sein. Routinen helfen uns, Probleme zu bewältigen.

**Übung: Abendrituale etablieren**

Am Abend müssen Sie die oben erwähnten Reize des Tages verarbeiten. Zudem werden die Gedanken intensiver, die Trauer, die Erinnerungen, alles kocht plötzlich aufs Neue in Ihnen hoch. Auch hierbei hilft es, die Gedanken aufzuschreiben, am besten machen Sie sich Notizen in Form eines Tagebuchs (Journals). Stellen Sie dabei insbesondere die positiven Aspekte des vergangenen Tages hervor: Was lief gut? Welche positiven Erfahrungen haben Sie gemacht? Welche angenehmen sozialen Begegnungen haben Ihren Tag bereichert? Wofür sind Sie dankbar? Mit dem *Journaling* stoppen Sie nicht nur das Grübeln, sondern sortieren auch Ihre Gedanken und gehen mit einem positiveren und aufgeräumteren Gefühl schlafen.

## Regelmäßige soziale Kontakte und Unterstützung suchen

Unter Menschen zu gehen, ist ein Ratschlag, den Ihnen vermutlich jeder Bekannte oder Freund geben würde, denn tatsächlich hilft die Gesellschaft anderer Menschen nachweislich dabei, auf andere Gedanken zu kommen und negative Gedankenkreisläufe zu durchbrechen. Sie müssen dafür nicht unbedingt eine große Veranstaltung oder eine Feier besuchen, ratsam wäre es aber, zumindest die eigenen vier Wände zu verlassen. Besuchen Sie einen guten Freund oder eine Freundin, gehen Sie in ein Restaurant oder in eine Bar, ins Kino oder auch in den Stadtpark. Hauptsache, Sie haben eine Umgebung, in der Sie sich *wohlfühlen*. Sie können zum Beispiel beim Kino- oder Theaterbesuch Ablenkung finden, weil Sie sich dort auf etwas vollkommen anderes einlassen müssen, oder aber aktiv das Gespräch suchen. Entscheiden Sie, welche Variante für Sie in diesem Moment hilfreicher ist – *Ablenken oder Aussprechen*. Je nachdem, wonach Ihnen der Sinn steht, wird jeweils nur eine bestimmte Anzahl von Freunden und Bekannten infrage kommen, Sie kennen Ihren Freundeskreis selbst am besten und wissen, bei wem Sie sich das Herz ausschütten können und wer tendenziell eher für einen Kino-Abend oder einen Absacker in einer Bar zu haben ist. Doch auch das ist positiv zu betrachten: Wenn Sie einen diversifizierten Freundeskreis haben, haben Sie immer einen Ansprechpartner oder eine Ansprechpartnerin, unabhängig von Ihrer aktuellen Gemütslage. Gute Freunde sind in schlechten Zeiten füreinander da. Haben Sie also kein schlechtes Gewissen und fühlen Sie sich nicht schlecht, weil Sie anderen möglicherweise zur Last fallen könnten. Natürlich kann es auch einem guten Freund einmal zu viel werden, doch Freundschaft lebt von Offenheit und Ehrlichkeit, das heißt, er wird Ihnen sagen, wenn er selbst eine mentale Auszeit braucht. Solange dies nicht der Fall ist, sollten Sie nicht zögern und Ihre Sorgen, Ängste und Gefühle teilen. Reden hilft und das Gefühl, sich jemandem anvertrauen zu können, sorgt zudem für eine positive Grundhaltung. Es zeigt zudem: Auch, wenn ich einen geliebten Menschen verloren habe, gibt es immer noch Menschen um mich herum, mit denen ich über alles sprechen kann, die für mich da sind. Suchen Sie daher aktiv den Kontakt zu Ihren Freunden.

## Gefährdung erkennen und präventive Maßnahmen ergreifen

### Abhängigkeit

Trauer ist nicht einfach zu verarbeiten. Für viele Menschen stellt es eine enorme mentale Herausforderung dar, mit den Folgen der Trauer umzugehen. Daher besteht die Gefahr, dass trauernde Menschen sich zum Beispiel dem Alkohol zuwenden. Der Verlust einer geliebten Person stellt ein erhöhtes Risiko dar, in eine Abhängigkeit oder ein Suchtverhalten hineinzugeraten. Passen Sie daher auf sich auf! Es spricht nichts dagegen, hin und wieder ein Bier oder ein Glas Wein zu trinken, so wie Sie es vermutlich auch vor dem Verlust getan haben. Achten Sie jedoch darauf, sich nicht zu betrinken, also am Ende des Tages betrunken zu sein. Ein Glas Alkohol schadet Ihrer Gesundheit nicht nachhaltig, ein Rausch allerdings schon. Versuchen Sie unter keinen Umständen, Ihre Trauer zu ertränken oder Ihren Schmerz zu betäuben, indem Sie sich dem Konsum von Alkohol oder anderen Drogen hingeben. Diese Betäubung wird immer nur eine kurzfristige sein! Die Methoden, die wir in diesem Buch bereits kennengelernt haben, helfen Ihnen *nachhaltig,* mit den schmerzhaften Gefühlen und Gedanken umzugehen, und bieten so einen langfristigen Weg der Trauerbewältigung. Ein Rausch hingegen ist immer temporär, sobald Sie wieder nüchtern sind, kommt der Schmerz zurück, meist sogar in einem größeren Ausmaß als zuvor. Um diesen Schmerz wiederum zu besiegen, verlangen Sie nach dem nächsten Rausch usw. Der Teufelskreis hat begonnen. Dort wieder herauszukommen, ist eine langwierige und komplizierte Angelegenheit. Daher noch einmal der Appell: Versuchen Sie, den nachhaltigen Weg zu gehen. Er ist langfristig ausgelegt und schafft vielleicht nicht immer Linderung innerhalb weniger Minuten, aber er hilft Ihnen, wohingegen das kurzfristige Betäuben der Trauer Ihnen nur schadet.

## Depression

Niedergeschlagenheit, teilweise auch Hoffnungslosigkeit gehören zu den „normalen" Symptomen, die einen Trauerfall begleiten. Treten diese phasenweise auf, besteht kein Grund zur Beunruhigung. Es ist normal, dass derartige Gefühle immer wiederkehren. Solange sie zwischendurch schwächer werden oder Sie sie ausblenden können, zum Beispiel beim Sport oder bei einem Treffen mit Freunden, besteht kein Grund zur Sorge. Bemerken Sie jedoch, dass Hoffnungslosigkeit, Niedergeschlagenheit oder Lustlosigkeit zu einem Dauerzustand wird, sollten bei Ihnen die Alarmglocken klingeln – schließlich wäre dies ein Anzeichen für eine depressive Erkrankung.

Auch bei depressiven Erkrankungen gibt es Abstufungen. Nicht jeder, der an einer depressiven Verstimmung leidet, ist suizidgefährdet oder ein Fall für die Therapie. Bei leichten depressiven Verstimmungen können die bereits vorgestellten Maßnahmen wie Sport, kreative Verarbeitung, unter Leute gehen etc. noch durchaus hilfreich sein. Sollten Sie aber tatsächlich an einer klinischen Depression leiden, ist es unabdingbar, professionelle Hilfe zu suchen. Die Übergänge von einer depressiven Verstimmung zu einer klinischen Depression können fließend sein, es gibt allerdings klare Anzeichen, wie Sie eine Depression erkennen können:

- **Dauerhafte Antriebslosigkeit:**

Hin und wieder ist jeder Mensch antriebslos, es fällt gelegentlich schwer, sich für bestimmte Tätigkeiten zu motivieren. Wenn Sie allerdings dauerhaft antriebslos sind, sich für nichts motivieren können, auf nichts Lust haben, auch nicht auf die Dinge, die Sie sonst gerne machen, ist dies oft ein erstes Anzeichen.

- **Freudlosigkeit auch bei schönen Ereignissen:**

Selbst, wenn etwas Gutes, etwas Schönes passiert, können Sie keinerlei positive Emotionen empfinden. Ein guter Freund heiratet, eine gute Freundin wird Mutter, Ihr Lieblingsfußballverein wird Meister, Sie erhalten ein positives Feedback auf der Arbeit von Ihrem Chef – doch all das löst keine positive Regung in Ihnen aus. Diese Freudlosigkeit ist ein klares Anzeichen für Depressionen.

- **Ständige Ermüdung und fehlende Konzentration:**

Egal, wie lange Sie schlafen, Sie sind müde, Sie kommen morgens nicht aus dem Bett, und das unabhängig vom Wetter oder unabhängig davon, was der Tag voraussichtlich bringt. Sie schleppen sich müde und erschöpft durch den Alltag und können sich auf nichts wirklich konzentrieren. Wird dieser Zustand zum Dauerzustand, ist das ein klarer Hinweis auf eine Depression.

- **Suizidgedanken:**

Suizidgedanken sind niemals normal! Ich kannte einen Menschen, der mir erzählte, er habe des Öfteren Suizidgedanken, das sei doch aber vollkommen normal, er würde es ja nicht wirklich tun, sondern sich lediglich ein Szenario ausmalen. Sobald Sie ernsthafte Suizidgedanken haben, wenden Sie sich direkt an eine Hilfsstelle! Sie sind der deutlichste Hinweis auf eine Depression und dürfen unter keinen Umständen unterschätzt werden.

## Wichtig: Hinweise auf eine Depression

Die *Depression* ist eine psychische Krankheit, die sich durch Symptome wie Hoffnungslosigkeit, Niedergeschlagenheit und häufiges Grübeln (negative Gedankenspiralen) ausdrückt. Fehlendes Interesse, mangelnde Freude am Leben und ein geringes Selbstwertgefühl sind die Folgen. Die Depression ist von depressiven Verstimmungen abzugrenzen. Beinahe jeder Mensch hat Phasen in seinem Leben, in denen er niedergeschlagen oder schlecht gelaunt ist. Dies ist jedoch noch keine Depression.

Ist der Zustand dauerhaft und empfindet man keinerlei Hoffnung auf Besserung (empfundene Ausweglosigkeit), handelt es sich meist um die *klinische* Depression. Diese muss professionell behandelt werden, Tipps wie Sport treiben, sich gesund ernähren oder Leute treffen, die bei depressiven Episoden häufig noch helfen können, sind hier keinesfalls mehr ausreichend. Sollten Sie selbst Symptome einer Depression haben oder jemanden in Ihrem Umfeld kennen, auf den die beschriebenen Symptome zutreffen, nehmen Sie professionelle Hilfe in Anspruch, denn eine unbehandelte klinische Depression hat häufig einen Suizid (-versuch) zur Folge. An folgende Ansprechpartner können Sie sich wenden:

- Die **Telefonseelsorge** ist rund um die Uhr zu erreichen unter **0800-1110111.**
- Für Hilfe bei Depressionen und insbesondere die Prävention von Suiziden kann die **Stiftung Deutsche Depressionshilfe** kontaktiert werden: deutsche-depressionshilfe.de. Auf der Webseite finden Sie weitere Kontaktdaten der Organisation.

- Ein weiteres telefonisches Angebot ist das **„Infotelefon Depression“**, zu erreichen unter **0800-3344533.**
- Informationen finden Sie zudem auf der Webseite der **Deutschen Gesellschaft für Suizidprävention**: suizidprophylaxe.de

# Schritt 4: Unterstützung suchen und annehmen

***„Unterstützen bedeutet begleiten und nicht abnehmen.“***

(Georg-Wilhelm Exner)

Vielen Menschen fällt es schwer, fremde Hilfe anzunehmen, da sie es als Zeichen persönlicher Schwäche betrachten, nicht mit sämtlichen Problemen selbst fertigzuwerden, oder befürchten, ihr Umfeld damit zusätzlich zu belasten: „Ich brauche keine Hilfe, ich schaffe das alles alleine!“ bzw. „Ich will niemandem zur Last fallen, ich muss da alleine durch.“

Beide Gedankengänge sind jedoch falsch: Sie müssen nicht alles alleine schaffen und wenn Sie ein stabiles und gutes Umfeld haben, wird sich dieses durch Sie und Ihre Trauer nicht belastet fühlen, sondern Ihnen gerne weiterhelfen. Wenden Sie sich also mit der Bitte um Unterstützung in schwierigen Situationen an andere, seien es Freunde, Verwandte oder zu guter Letzt auch professionelle Hilfe.

## Wichtige Bezugspersonen in der Trauerarbeit identifizieren

Nicht mit jedem Menschen kann man über alles sprechen und selbst manche guten Freunde eignen sich nicht für jedes Thema als Gesprächspartner. Andere, etwas entferntere Bekannte, zu denen Sie nicht per se einen engen Draht haben, können auf der anderen Seite manchmal überaus wertvolle Ratgeber sein, gerade weil sie mit einer gewissen Distanz auf Sie blicken und auch möglicherweise den Verstorbenen nicht kannten. Wenn Sie mit Ihrem Bruder oder Ihrer Schwester zum Beispiel über den Tod eines Elternteils reden, ist diese Person selbst in einem hohen Maße emotional involviert. Wenn Sie mit Ihrem Nachbarn sprechen, hat dieser unweigerlich eine größere Distanz zu dem Thema.

Identifizieren Sie also die Menschen, die Ihnen eine wertvolle Unterstützung bei der Trauerbewältigung sein können, und fokussieren Sie sich dabei nicht nur auf Ihr enges Umfeld, sondern auch auf den erweiterten Freundes- und Bekanntenkreis. Wer Ihnen guttut und mit wem Sie tiefsinnige und zugleich zielführende Gespräche führen können, werden Sie im Laufe der Zeit herausfinden.

# Familie, Freunde und professionelle Helfer als Unterstützung

## Familie

Die eigene Familie ist vermutlich für viele von uns der erste Anlaufpunkt, wenn es um die Aussprache von Emotionen geht. Wenn wir also trauern und Unterstützung bei der Verarbeitung unserer Gefühle benötigen, wenden wir uns an enge Familienmitglieder, zum Beispiel Geschwister. Die Vorteile sind die starke Vertrautheit und die emotionale Nähe; die Familienmitglieder kennen einen sehr gut und wissen im Regelfall auch, gewisse Reaktionen einzuordnen. Wenn Sie also einmal schlecht gelaunt oder kurz angebunden sind, wissen die Familienmitglieder dies zu bewerten: *„Er ist immer so, wenn er viel nachdenkt."* Oder einfacher gesagt: Man muss sich nicht erklären und auch nicht verstellen. Während wir im beruflichen Kontext oder in der Kommunikation mit Fremden (an der Supermarktkasse, beim Friseur etc.) oftmals bemüht sind, unsere Emotionen nicht in den Vordergrund zu rücken, stellt dies im engsten Kreis der Familie kein Tabu dar. Sie müssen also keine Maske tragen, sondern können Ihren Emotionen gemäß sprechen und handeln. Dies ist ein großer Vorteil bei der Trauerbewältigung, denn nur, wenn wir Emotionen zulassen, lernen wir einen gesunden Umgang mit ihnen.

Andererseits kann die emotionale Nähe zu den Familienmitgliedern auch eine Hürde darstellen. Gerade *weil* man Sie so gut kennt und emotional so stark mit ihnen verbunden ist, hat man unter Umständen das Gefühl, nicht alles sagen zu können. Der (irreführende) Gedanke, man belaste andere mit seiner eigenen Trauer, ist bei Familienmitgliedern oftmals stark ausgeprägt, hinzu kommt bei manchen die Angst, verletzlich zu wirken. Ein weiterer entscheidender Aspekt ist, dass bei einem Trauerfall in der Familie alle anderen Familienmitglieder ebenfalls Betroffene sind – sie haben also keine emotionale Distanz, sondern sind oftmals selbst in hohem Maße in die Trauer involviert. Das muss kein Nachteil für Sie sein, jedoch ist die Hilfe bei der Trauerbewältigung in diesem Fall keine Einbahnstraße – Sie können sich an Ihre Familienmitglieder wenden, müssen aber bereit sein, diesen ebenfalls als Unterstützung im Trauerprozess zur Verfügung zu stehen. Wenn Sie sich also selbst emotional instabil fühlen und sich nicht in der Lage sehen, anderen zu helfen, sollten Sie dies klar kommunizieren oder sich gegebenenfalls an eine Person außerhalb der Familie wenden. Versuchen Sie grundsätzlich, ganz gleich, ob es sich um ein Mitglied der Familie handelt oder um eine Person von außerhalb, immer offen und ehrlich zu kommunizieren, wie es Ihnen geht und ob Sie momentan Kraft und Energie genug haben, um aktiv über Ihre Gefühle zu sprechen. Kommunikation ist das A und O der gemeinsamen Trauerbewältigung.

## Freunde

Freunde können ebenfalls wichtige Ansprechpartner sein. Auch ein guter Freund kennt Sie sehr gut, weiß Ihre Reaktion einzuschätzen und ist nicht beleidigt, wenn er Sie abwesend oder emotional angespannt erlebt. Gute Freunde können, genauso wie Familienmitglieder, enge Bezugs- und Vertrauenspersonen sein. Der Vorteil bei Freunden ist zudem, dass sie selbst nicht zu stark in das Trauergeschehen involviert sind. Zwar bin ich selbst zum Beispiel zu der Beerdigung der Mutter eines engen Freundes gekommen, um ihm emotionalen Support zu geben, doch mich persönlich schmerzte weniger der Tod der Mutter (die ich nur flüchtig kannte) als vielmehr die Trauer meines Freundes. Auf den Verlust selbst konnte ich jedoch mit einer gewissen emotionalen Distanz blicken, mein Freund musste mich nicht bei meiner Trauerarbeit unterstützen.

Wenden Sie sich also unbedingt auch an enge Freunde, bedenken Sie dabei aber, dass diese unter Umständen eine eigene Familie, berufliche Verpflichtungen etc. haben. Bei Freunden können Sie nicht erwarten, dass Sie rund um die Uhr verfügbar sind und jederzeit bereitstehen, wenn Sie emotionale Unterstützung benötigen. In der Regel werden Ihre guten Freunde aber alles daran setzen, Ihnen so gut und so schnell wie möglich beizustehen.

Insbesondere, wenn Sie Ablenkung benötigen, sind die Freunde oft die besten Ansprechpartner. Ein Ausflug in die Natur, ein gemeinsamer Spieleabend und Gespräche über Gott und die Welt können eine willkommene Abwechslung in einem von Trauer geprägten Alltag sein. Da Ihre Freunde eben keine Familienmitglieder und damit nicht direkt von einem Todesfall betroffen sind, gelingt die Ablenkung mit ihnen oftmals besser als mit den eigenen Angehörigen.

## Professionelle Hilfe

Wenn Sie sich in einem Zustand befinden, in dem die Unterstützung Ihrer Freunde und Familie nicht mehr ausreicht, um Ihre negativen Gedanken zu vertreiben, sich diese vielleicht sogar stetig verschlimmern, sollten Sie professionelle Hilfe suchen. Psychologen und Psychoanalytiker sind dabei die naheliegendste Anlaufstelle, aber auch Seelsorger können eine Hilfestellung bieten. Insbesondere für gläubige Menschen kann auch ein Pfarrer, Imam oder Rabbiner eine Anlaufstelle sein, denn in der Regel sind religiöse Lehrer auch in der Trauerarbeit geschult; schließlich ist die Trauer und der Umgang mit dem Tod eine Kernfrage der Religionen.

Organisierte Selbsthilfegruppen können ein guter Einstieg sein, zu einem späteren Zeitpunkt werden wir detaillierter auf diese Option eingehen. Selbsthilfegruppen werden im Regelfall von Psychologen oder psychologisch geschulten Menschen geleitet. Es handelt sich hierbei nicht um eine klassische Psychotherapie, die individuell durchgeführt wird, sondern um einen gruppen- und gesprächsorientierten Ansatz. Der Vorteil ist, dass Sie einen

Platz in einer Selbsthilfegruppe oftmals schneller bekommen als einen Psychotherapieplatz.

Wichtig ist: Schämen Sie sich nicht, professionelle Hilfe in Anspruch zu nehmen. Auch wenn sich die Wahrnehmung in den letzten Jahrzehnten stark gewandelt hat, gibt es immer noch Menschen, die sich scheuen, zu einem Psychologen zu gehen (*„Ich bin doch nicht verrückt oder geisteskrank"*). Sie sind nicht schwächer, bloß weil Sie professionelle Hilfe benötigen – im Gegenteil: Die professionelle Hilfe wird Sie wieder stärker machen, vor allen Dingen im mentalen Bereich. Wenn Sie alleine oder mit Hilfe Ihres Umfeldes also nicht mehr mit der Bewältigung von Trauer zurechtkommen, suchen Sie bitte unbedingt professionelle Hilfe – es ist zu Ihrem Besten!

## Die Bedeutung von Mitgefühl und Verständnis

Bei der Trauerbewältigung sind Mitgefühl und Verständnis unerlässlich. Dabei kommt es auf beide Seiten an – sowohl der oder die Helfende als auch die Seite, die Hilfe annimmt, muss sich auf den jeweils anderen einlassen und tief in die Emotionen anderer eintauchen. Hierfür bedarf es der *Empathie*. Denn auch Sie sollten Verständnis aufbringen, wenn jemand anders trauert als Sie. Bleiben wir bei dem Beispiel eines verstorbenen Elternteils. Sie trauern natürlich gemeinsam mit Ihren Geschwistern, aber jeder hat eine andere Art und Weise, mit der Trauer umzugehen. Sie können sich nur gegenseitig unterstützen, wenn Sie Ihre jeweiligen Strategien *verstehen*. Dazu ist es wichtig, in andere hineinfühlen zu können. Es gibt kein Richtig und kein Falsch – Ihre Gefühle sind der einzige Maßstab! Mit folgenden Übungen trainieren Sie Empathie im Alltag:

### Übungen: Empathie erlernen

**1. Auseinandersetzung mit den *eigenen* Gefühlen:**

Empathie bedeutet nichts anderes als Einfühlungsvermögen, Sie lernen also, sich in andere hineinzuversetzen. Um die Gefühle anderer verstehen zu können, ist es jedoch unerlässlich, die eigenen Gefühle zu verstehen. Setzen Sie sich daher mit Ihren eigenen Gefühlen und Empfindungen auseinander und nehmen Sie bewusst wahr, in welchen Situationen welche Gefühle in Ihnen aufkommen. Wenn Sie diese Erkenntnis gewonnen haben, können Sie sich besser und schneller in die Situation anderer Menschen hineinversetzen. *Wie denke / fühle ich in einer Situation? Was würde mir in dieser Situation guttun, was würde mir schaden?*

**2. Beobachtung der anderen:**
Das Beobachten ist ein wesentlicher Bestandteil der Forschung. Sozialwissenschaftler untersuchen gesellschaftliche Prozesse, Physiker beobachten kleine Teilchen und deren Verhalten und Naturforscher beobachten das Verhalten wilder Tiere in ihrem natürlichen Lebensraum. Aus präziser Beobachtung kann man wichtige Erkenntnisse gewinnen, dies gilt auch für Kommunikation. Nehmen Sie Ihre Mitmenschen im Alltag genauer und gezielter wahr, sei es in der S-Bahn, im Café oder bei einem Spaziergang durch die Stadt. Die Aufmerksamkeit kann hierbei sowohl auf Gespräche als auch auf körpersprachliche Aspekte gerichtet sein. Durch Beobachtung lernen Sie, andere Menschen besser zu verstehen und deren Verhalten einordnen zu können.

**3. Ausblenden von Vorurteilen:**
Der Jurist und Buchautor Ferdinand von Schirach (* 1964) erzählte in einer Gesprächssendung des Schweizer Rundfunks von Inspirationen für seine Bücher und verwies dabei auf sein Motto *„Mehr beobachten, weniger urteilen"* (Schirach, 2018). Was von Schirach damit ausdrücken will, ist, dass man bei der Beobachtung seine Vorurteile ausblenden sollte. Empathisch sein bedeutet, niemanden aufgrund des ersten Eindrucks zu verurteilen. Nehmen wir an, Sie begegnen einer Person, die auf den ersten Eindruck ungepflegt wirkt. Ihr Vorurteil lautet: „Der ist bestimmt unsauber und daher auch unangenehm, mit solchen Leuten möchte ich nichts zu tun haben." Doch wenn Sie mit diesem Vorurteil an die Begegnung herangehen, verpassen Sie die Gelegenheit, die Person näher kennenzulernen. Jeder Mensch hat gewisse Vorurteile, wichtig ist nur, diese zu reflektieren und sich nicht zu stark von diesen beeinflussen zu lassen. Ansonsten verpassen wir die Gelegenheit, einen Menschen in all seinen Facetten zu begreifen und seine Persönlichkeit kennenzulernen. Genau dieses tiefe Verständnis erzeugt allerdings Empathie.

**4. Verständnis zeigen:**
Aus der Beobachtung und der Offenheit / Toleranz (nicht verurteilen) der anderen erwächst ein Verständnis. Versuchen Sie, Ihre Mitmenschen tatsächlich zu verstehen, so wie Sie auch sich selbst und Ihre eigenen Motivationen und Ziele versucht haben, zu verstehen. Was treibt Ihren Gesprächspartner an? Warum verhält er sich auf diese Art und Weise in einer bestimmten Situation? Warum hat jemand zum Beispiel Angst, wenn er ein lautes Geräusch hört? Hat er in der Vergangenheit schlechte Erfahrungen gemacht oder stammen seine Eltern aus einer Kriegsregion und haben ihm von Kindesbeinen an erklärt, dass laute Geräusche Gefahr bedeuten? Selbst wenn Sie nicht empfinden können, was Ihr Gegenüber verspürt, können Sie dennoch Rücksicht nehmen: „Ich verstehe, dann gehen wir nicht zusammen auf ein lautes Festival, sondern lieber ins Kino oder ins Café."

**5. Sich selbst nicht vergessen:**
Empathie und Achtsamkeit hängen eng miteinander zusammen. Bei allem Verständnis und allem Einfühlungsvermögen für andere sollten Sie niemals Ihr eigenes Wohlbefinden vergessen oder es dem der anderen unterordnen. Versuchen Sie daher, eine ausgewogene Balance zwischen Empathie und Selbstachtsamkeit zu finden und sowohl sich selbst als auch Ihrem Umfeld Gutes zu tun.

### Kommunikation und Grenzen setzen in Bezug auf Unterstützung

Bisweilen kann die Unterstützung, die Ihnen Freunde oder Familienmitglieder anbieten, sogar zu viel für Sie werden. Aus dem richtigen Impuls heraus versucht man, Ihnen zu helfen, auch in Phasen, in denen Sie eigentlich lieber alleine wären. Auch in solchen Fällen sollten Sie stets klar kommunizieren. Dies gilt sowohl für Situationen, in denen Sie selbst nicht in der Lage sind, mentale und emotionale Unterstützung zu gewährleisten, als auch in Phasen, in denen Sie keinen externen Support bei der Trauerbewältigung benötigen. Sie sollten dies immer deutlich aussprechen.

Fühlen Sie sich zu nichts verpflichtet! Trauer ist kompliziert. Die Gefühlsstadien, die Sie innerhalb des Trauerprozesses durchlaufen, können vielfältig sein. Daher sollten Sie auf sich und auf die Signale Ihres Körpers und Ihres Geistes hören. Sagen Sie klar und deutlich, wann Ihnen etwas zu viel wird, denn nur wenn Sie klar kommunizieren, wird jeder Verständnis für Sie aufbringen können.

## Hilfe von Familie, Freunden und therapeutischen Fachkräften annehmen

Manchen Menschen fällt es schwer, Hilfe anzunehmen, teilweise weil sie denken, alles selbst schaffen zu müssen, teilweise weil sie Angst haben, sich zu öffnen. Der wertvollste Ratschlag zur Trauerbewältigung lautet daher: Nehmen Sie Hilfe von anderen an! Je nachdem, in welchem emotionalen Zustand Sie sind, können Freunde, Verwandte oder auch professionelle Hilfe eine wichtige Stütze auf dem Weg der Trauerbewältigung sein. Wichtig dabei ist vor allem *Offenheit*, sowohl Ihrerseits als auch vonseiten des Zuhörenden.

### Die Bedeutung offener Gespräche und des Zuhörens

Wenn Sie das Gespräch suchen, ist Offenheit der Grundpfeiler einer jeden zielführenden Konversation. Spätestens ab diesem Punkt sollten Sie keine Scham mehr verspüren und sich nicht zurückhalten, sondern aussprechen, was Sie wirklich denken und fühlen – *schütten Sie Ihr Herz aus*, wie der Volksmund sagt. Ihr Gesprächspartner kann Ihnen nur helfen, wenn er sich ein umfassendes Bild von Ihrer Lage machen kann, daher sollten Sie auch dessen

Fragen ehrlich beantworten. Denken Sie nicht darüber nach, ob Sie Ihr Gegenüber belasten oder ob Ihre Antwort sozial erwünscht ist, sondern besinnen Sie sich nur auf die Wahrheit.

Im Gegenzug sollten auch Sie empfänglich dafür sein, was Ihr Gesprächspartner Ihnen zu sagen hat. Ein konstruktives Gespräch, das bei der Trauerbewältigung hilft, soll schließlich kein bloßes „Abladen" aufgestauter Gefühle sein, sondern im Idealfall bietet Ihnen das Gespräch einen echten Mehrwert und Ihr Gegenüber kann Ihnen wertvolle Tipps geben. Es ist schwer, in einer Phase der Trauer aktiv zuzuhören und Dinge aufzunehmen, denn wie wir bereits gelernt haben, kann sich Trauer negativ auf die Schlafqualität auswirken, was wiederum die Aufnahme- und Konzentrationsfähigkeit negativ beeinflusst.

Nehmen Sie jedoch gerade das offene Gespräch als wichtige Erkenntnisquelle. Nicht umsonst haben Sie sich an die Person gewandt, mit der Sie gerade sprechen. Sie sind davon überzeugt, dass dieser Mensch Ihnen emotionalen Beistand leisten kann, daher sollten Sie ihm aktiv zuhören und dem Gespräch die entsprechende Bedeutung beimessen.

## Übung: Aktives Zuhören

Der Begriff „aktives Zuhören" beschreibt eine Form der Kommunikation, bei der die zuhörende Person direktes Feedback gibt und das Gespräch mit Nachfragen oder kleinen Anmerkungen aktiv weiterentwickelt. Stellen wir uns einen Dialog vor, bei dem ein Mann von seinem Urlaub erzählt, während sein Kollege die ganze Zeit nur dasitzt und nickt. Das ist zwar nicht unhöflich und signalisiert zumindest eine Art von Interesse, dennoch ist sich der Erzähler nicht sicher: „Hört er mir überhaupt zu? Langweile ich ihn und er nickt nur aus Höflichkeit?" Wenn der andere hingegen ab und an eine Frage stellt oder kurz am Rande eine soeben geschilderte Begebenheit kommentiert, hat der Erzähler direkt ein besseres Gefühl.

Auch für Sie als Zuhörer ist das aktive Zuhören von Vorteil. Sie nehmen die Informationen bewusster auf, erinnern sich an mehr und die Gefahr, sich zu langweilen oder das Gespräch als überflüssig zu empfinden, nimmt rapide ab. Schließlich sind Sie durch die aktive Form des Zuhörens stärker ins Gespräch involviert.

**1. Achten Sie auf Details:**

Alles, was Ihr Gegenüber erzählt, ist potenziell wichtig. Auch, wenn es Ihnen zunächst unerheblich erscheinen mag, dass die erzählte Begebenheit an einem Donnerstag stattfand, kann es am Ende doch entscheidend sein, um die zeitliche Abfolge des Erzählten einordnen zu können. Versuchen Sie daher, so gut es geht auf die Details zu achten.

**2. Stellen Sie Nachfragen:**
Wenn Ihnen etwas unklar ist, Sie etwas nicht vollends verstanden haben oder sich nicht ganz sicher sind, ob Sie es verstanden haben, fragen Sie proaktiv nach. Wir neigen bisweilen dazu, einen Erzähler nicht unterbrechen zu wollen oder nicht nachzuhaken, weil wir so eingestehen müssten, dass wir etwas unter Umständen nicht verstanden haben. Doch mit dieser Haltung werden wir nie etwas Interessantes erfahren. Wichtig beim aktiven Zuhören ist es, jederzeit Rückfragen zu stellen, falls Ihnen etwas nicht klar ist. Nur so können Sie von dem Dialog profitieren.

**3. Schreiben Sie mit:**
Wenn Sie das Gefühl haben, tatsächlich etwas Essenzielles zu erfahren oder dass der Dialog, den Sie gerade führen, wegweisend sein kann, schreiben Sie ruhig mit und notieren Sie sich die wichtigsten Aspekte. Wenn Sie mit Bekannten, Freunden oder Verwandten kommunizieren, kommen Sie sich dabei auch nicht merkwürdig vor, da zu der anderen Person ohnehin ein Vertrauensverhältnis besteht.

**4. Reflektieren Sie Ihre Gefühle:**
*Trauerarbeit ist Gefühlsarbeit*; dieser Satz muss immer wieder aufs Neue betont werden. Notieren und reflektieren Sie daher, wie Sie sich bei den Gesprächen gefühlt haben. Welche Emotionen konnten Sie freilassen? Welche Gesprächsteile haben Ihnen ein besonders gutes Gefühl gegeben und welche haben eher dafür gesorgt, dass Sie sich schlechter gefühlt haben und negative Erinnerungen zum Vorschein kamen? Die Reflexion ist ein enorm wichtiger Teil des aktiven Zuhörens, nur so können Sie in Zukunft einschätzen, welche Art von Gespräch Ihnen weiterhilft.

## Professionelle Hilfe suchen und annehmen

Wie ich bereits an früherer Stelle erwähnt habe, sprach ich einst mit einem jungen Mann, der seit einem Trauerfall regelmäßig Suizidgedanken hatte. Er hielt diese für normale Begleiterscheinungen der Trauer und wäre tatsächlich nicht im Traum auf die Idee gekommen, sich deshalb professionelle Hilfe zu suchen. „Ich würde das doch nie wirklich machen", sagte er damals, „das sind doch bloß so Gedanken, die jeder mal hat." Ich möchte noch einmal an Sie appellieren: Sollten Sie tatsächlich mit Suizidgedanken zu tun haben, suchen Sie sich bitte unbedingt professionelle Hilfe. Es ist weder normal noch gesund, an Selbsttötung zu denken.

Dieses Beispiel ist ein Extremfall, doch auch in weniger extremen Fällen kann es geboten sein, professionelle Helfer zu konsultieren. Wenn Sie das Gefühl haben, Ihre Freunde oder Familienmitglieder können Sie nicht mehr unterstützen, oder wenn alle Techniken zur Entspannung, zum Gedanken-Stopp oder sonstige Hilfestellungen keinerlei Effekt erzielen, ist es ratsam, diesen

Schritt zu gehen. Lösen Sie sich dabei von dem Stigma des „psychisch Kranken". Vergleichen Sie die Situation mit einer schweren Erkältung oder einem gebrochenen Bein. Wenn Sie die Grippe haben, gehen Sie wie selbstverständlich zum Hausarzt, weil Sie krank sind. Wenn Sie Ihr Bein gebrochen haben, gehen Sie wie selbstverständlich ins Krankenhaus, weil Sie verletzt sind. Wenn Sie mental verletzt oder emotional krank sind, sollten Sie genauso selbstverständlich Psychologen oder sonstige professionelle Beratungsstellen aufsuchen. Anbei einige Kontaktmöglichkeiten:

**Tipp:**

**Psychologen kontaktieren**

Die Suche über das Portal www.therapie.de:
Dort können Sie nach Ihrer Postleitzahl suchen und finden so Psychologen und Therapeuten in Ihrer Nähe. Auf dem Portal können Sie auch direkt die Kontaktdaten der jeweiligen Praxis einsehen.

Den Hausarzt fragen:
Auch Ihr Hausarzt kennt in aller Regel zumindest einen Psychologen, dessen Kontakt er Ihnen weitergeben kann. Der Hausarzt ist zudem ein guter Ansprechpartner, wenn es um die Feststellung geht, ob eine Therapie sinnvoll oder notwendig ist.

Die Krankenkasse fragen:
Egal, ob Sie privat oder gesetzlich versichert sind – eine notwendige psychologische Behandlung wird von der Krankenkasse finanziert. Sie können über Ihre Krankenkasse zudem nach abrechnungsfähigen und verfügbaren Psychologen suchen. Kontaktieren Sie einen Berater Ihrer Krankenkasse und er wird Ihnen sicher gern weiterhelfen.

## Den eigenen Weg der Trauerarbeit finden und respektieren

Entscheidend in der Trauerphase ist: Gehen Sie Ihren eigenen Weg und hören Sie dabei auf Ihre Gefühle und Empfindungen. Wenn es Ihnen zu viel wird, zögern Sie nicht, zu stoppen – Gespräche mit anderen sollen Sie entlasten und nicht zusätzlich belasten. Auch im Rahmen einer professionellen Begleitung können Sie jederzeit Ihre Grenzen deutlich machen. Hören Sie in sich hinein und versuchen Sie, die Trauerbegleitung so gut wie möglich für sich zu gestalten.

## Austausch mit anderen Trauernden und Teilnahme an Selbsthilfegruppen

Auch Selbsthilfegruppen sind bisweilen mit Klischees beladen: „Es wird ja eh nur geredet und nichts getan“ oder „Man kann sich Fremden gegenüber ohnehin nicht emotional öffnen“ sind zwei gängige Vorurteile. Dass diese nicht zutreffend sind, können Sie in der Praxis erleben. Schließlich bieten Selbsthilfegruppen oder auch Online-Foren einen wesentlichen Vorteil. Hier treffen Trauernde auf Trauernde, das heißt, alle Menschen, die in dem Forum oder der Selbsthilfegruppe Mitglied sind, haben ebenfalls eine Verlusterfahrung durchleben müssen und können auf emotionaler Ebene mit Ihnen mitfühlen.

### Die Vorteile von Selbsthilfegruppen und Trauerforen

- Alle sitzen im selben Boot: Es tut immer gut, mit Menschen zu sprechen, die das Gleiche erlebt haben, wie man selbst. Sie werden sehen, dass auch Sie bereits nach kurzer Zeit verstehen werden, wie befreiend es sich anfühlt, mit Menschen zu sprechen, die Ihre Emotionen sofort verstehen und denen Sie das grundsätzliche Gefühl der Trauer nicht erst erklären müssen. Auch lernen Sie im Rahmen einer Selbsthilfegruppe oder während der Aktivität in einem Online-Forum verschiedene Bewältigungsstrategien kennen, das bedeutet, Sie lernen, wie andere Menschen mit Trauer umgehen. Aus diesen Erfahrungen können Sie viel lernen und für sich selbst mitnehmen.

- Anonymität gewährleistet: In Selbsthilfegruppen sprechen Sie sich nur mit dem Vornamen an, Nachnamen oder sonstige persönliche Details werden nicht genannt. So wird Anonymität gewährleistet und Sie können in einem geschützten Raum sprechen, ohne Angst haben zu müssen, zu viel Persönliches zu offenbaren. In einem Forum können Sie sich sogar unter einem Pseudonym anmelden und müssen keinen Klarnamen verwenden. Besser kann man Ihre persönlichen Daten kaum schützen.

- Keine Sorgen, jemanden zu belasten: Auch wenn Sie diese Sorgen nicht haben müssen oder sollten, berichten doch immer wieder Trauernde davon, dass sie niemandem auf die Nerven fallen oder dass sie nahe Angehörige nicht belasten wollen. Diese Gedankengänge sind bei der Teilnahme an einer Selbsthilfegruppe obsolet. Denn zu dieser kommen die Menschen genau mit diesem Motiv: Sie wollen über ihre Sorgen, Nöte und Gefühle sprechen. Das Setting dient explizit der Aussprache und alle Menschen, die mit Ihnen in der Selbsthilfegruppe oder in dem Forum sind, wissen das. Sie können also frei heraus erzählen, ohne sich Gedanken machen zu müssen, ob Sie jemanden belasten könnten.

- Professionelle Anleitung: Die Leiter von Selbsthilfegruppen sind oft psychologisch geschult, unter Umständen sogar ausgebildete Psychologen. Sie haben hier also den doppelten Vorteil: Einerseits haben Sie es mit Betroffenen zu tun, die Ihren Schmerz und Ihre Trauer nachempfinden können (in etwa so, als würden Sie mit einem Angehörigen sprechen), andererseits haben Sie den Aspekt der *professionellen* Hilfe. Sie werden also von jemandem durch den Trauerprozess begleitet, der weiß, wie man Trauer am besten bewältigt. Eine solche Kombination finden Sie in dieser Form nur in einer Selbsthilfegruppe.

## Erfahrungen teilen und von anderen lernen

Teilen Sie Ihre Erfahrungen, die Sie gemacht haben, helfen Sie anderen und lassen Sie sich wiederum von deren Geschichte und deren Bewältigungsstrategien inspirieren. Fertigen Sie gegebenenfalls Notizen an und wenden Sie die Techniken, die andere Trauernde verwenden, um mit ihren Emotionen umzugehen, auch bei sich an. Vielleicht ist darunter eine Übung, die Sie noch nicht kannten, die Ihnen aber herausragend hilft.

Auch Sie können eine Inspiration für andere sein – Sie helfen sich gegenseitig und geben sich in einer Gruppe untereinander den notwendigen Halt. Der gruppendynamische Aspekt ist insbesondere bei einer Selbsthilfegruppe relevant, obgleich sich auch in internetbasierten Foren eine Solidarität als Gruppe herausbilden kann. Der physische Kontakt ist eine trotzdem niemals zu unterschätzende Stärke der gruppentherapeutischen Ansätze.

Vielen Menschen fällt es zu Beginn schwer, Ihre Gefühle mit anderen zu teilen. Außerdem erfordert es einen gewissen Mut und auch Überwindung, vor anderen – fremden – Menschen zu sprechen. Dafür gibt es jedoch keinen rationalen Grund. Alle Mitglieder Ihrer Gruppe wissen, dass Sie sich in einem emotional aufgewühlten Zustand befinden, jeder hat Verständnis dafür und niemand erwartet von Ihnen rhetorisch geschliffene Beiträge. Mit folgenden Übungen können Sie zudem die Nervosität beim Sprechen vor einer Gruppe abbauen:

## Übung: Nervosität beim Sprechen verlieren

**1. Vorbereitung:**
Wenn Sie vor einer Gruppe sprechen wollen, erleichtert eine gute Vorbereitung den Redefluss ungemein. Sie müssen nicht zwischendurch nach Worten oder Formulierungen suchen und verhaspeln sich seltener. Überlegen Sie sich also schon vor Ihrem Wortbeitrag, wie Sie Ihre Gedanken und Gefühle in passende Worte fassen möchten. Verleihen Sie dem Gesagten zudem eine Struktur: Worauf will ich hinaus, was kann ich wie ausdrücken? Sie werden sehen, dass Sie mit der Sicherheit einer guten Vorbereitung direkt souveräner wirken und weniger aufgeregt sind.

**2. Das Worst-Case-Szenario:**
Stellen Sie sich ein Szenario mit dem schlimmstmöglichen Fall vor: Was könnte passieren? Sie werden schnell feststellen, dass absolut nichts Schlimmes geschehen kann. Angenommen, Sie verhaspeln oder versprechen sich – es gibt keinerlei negative Konsequenzen, zudem befinden sich alle Menschen um Sie herum in einer ähnlichen Lage. Die wenigsten von uns sprechen gerne vor Leuten und alle Ihre Zuhörer sind emotional ebenfalls aufgewühlt, können also gut verstehen, wenn sich bei Ihnen die Aufregung sichtbar oder hörbar macht. Wenn Sie den Worst Case gedanklich durchgehen, stellen Sie schnell fest, dass Sie *viel Angst um nichts* haben.

**3. Der Angst begegnen:**
Stellen Sie sich Ihrer Angst! Ängste sind besonders dann wirkmächtig, wenn sie abstrakt sind, also wenn sie eben keinen konkreten Gegenstand haben, sondern in unserer Fantasie stattfinden. Jeder, der schon einmal einen Horrorfilm gesehen hat, weiß, dass der Grusel nicht in den Momenten stattfindet, in denen ein Monster oder eine sonstige Kreatur auftaucht, sondern in den Momenten davor, in denen wir noch nicht wissen, was uns gleich erwartet. So ist es auch bei Lampenfieber oder Redeangst. Daher tun Sie gut daran, allen Mut zusammenzunehmen und es einfach zu probieren: Sprechen Sie frei von der Leber weg und Sie werden merken, dass alles nur halb so schlimm ist, wie Sie es sich vorgestellt haben.

## Das Potenzial von Gruppenunterstützung erkennen und nutzen

Nutzen Sie das volle Potenzial, das Ihnen Gruppenunterstützung im Prozess der Trauerbewältigung bietet. Sie werden früher oder später für sich erkennen, ob Sie besser mit der vollständig anonymisierten Kommunikation in einem Online-Forum zurechtkommen oder ob Ihnen der persönliche Kontakt im Rahmen einer Selbsthilfegruppe eher weiterhilft. So oder so wird es Ihnen enorm weiterhelfen, wenn Sie sich mit anderen Betroffenen über Ihre Gefühle austauschen können und sich gegenseitig beim Entwickeln von Bewältigungsstrategien unterstützen. Verschließen Sie sich daher keinesfalls vor gruppentherapeutischen Ansätzen, sondern machen Sie sich deren Vorteile zunutze.

# Schritt 5: Erinnerungen festhalten und Rituale etablieren

***„Man lebt zweimal: Das erste Mal in der Wirklichkeitund das zweite Mal in der Erinnerung."***

(Honoré de Balzac)

Denken wir für einen kurzen Moment genauer über dieses Zitat von Balzac nach. Im Grunde lassen sich zwei Erkenntnisse aus diesem Satz ableiten: Die erste ist, dass ein Mensch, an den sich jemand erinnert, niemals wirklich *fort sein* kann. Vereinfacht könnte man sagen, dass die biologischen Funktionen des Körpers zwar erloschen sind, doch der Geist des Menschen, seine Art, zu sprechen und zu denken, lebt durch unsere Erinnerungen weiter.

Zum Zweiten spricht Balzac hier von zwei verschiedenen Leben; das heißt, der biologisch lebendige Mensch und der Mensch, der in der Erinnerung lebt, müssen nicht exakt dieselbe Person sein. In Ihren Erinnerungen werden Sie vor allem bestimmte Details herausstellen, andere werden Sie ignorieren oder mit der Zeit tatsächlich vergessen. Doch gewisse Begegnungen mit diesem einen Menschen werden für immer bleiben. In diesem Kapitel soll es um Erinnerung und Erinnerungsrituale gehen.

## Erinnerungen an den Verlust akzeptieren und bewahren

Erinnerungen an einen Verlust können zweigeteilt sein: Einerseits gibt es schöne Erinnerungen an das Leben vor dem Verlust, also Momente, die Sie gemeinsam mit der verstorbenen Person durchlebt haben, andererseits gibt es die Erinnerung an den Verlust selbst, also an das schmerzhafte Abschiednehmen und die oftmals traurige Gewissheit, diesen Menschen nie wieder sehen zu können.

Folgende Strategie kann Ihnen dabei helfen, Ihre Erinnerungen zu sortieren und den Fokus auf das Positive zu legen*: Akzeptieren Sie die Erinnerungen an den Verlust und bewahren Sie die schönen Erinnerungen an das Leben davor*. Leichter gesagt als getan, werden Sie zurecht einwenden, doch in diesem Kapitel werden wir uns explizit mit der Frage beschäftigen, wie dieser gedankliche Spagat gelingen kann. Auf diese Art und Weise können Sie die schönen Momente konservieren und die negativen Gedanken über Bord werfen.

## Das Aufbewahren von persönlichen Gegenständen und Fotos

„Bilder sagen mehr als tausend Worte" verrät uns schon ein altes Sprichwort. Oftmals sind schöne Erinnerungen auf Fotos festgehalten: Familienfeiern, gemeinsame Urlaube, Festtage. Stöbern Sie daher in den Familienalben und suchen Sie nach schönen Fotos, die Sie als Erinnerung an die verstorbene Person in Ehren halten. Auch an meinem Kühlschrank hängt bis heute ein Foto, das mich als kleines Kind mit meinen verstorbenen Großeltern zeigt. Zwar nehme ich es nicht bei jedem Gang in die Küche bewusst wahr, doch wenn mein Blick längere Zeit an dem Foto hängen bleibt, kommen viele positive Erinnerungen in mir ans Licht – gemeinsame Spielplatzbesuche ebenso wie Familienfeiern oder ein gemeinsames Essen, nachdem ich mein Abitur bestanden habe. Unterschätzen Sie daher niemals die Kraft der Bilder und bewahren Sie so viele schöne Fotos wie möglich von gemeinsamen Momenten auf – Sie werden sehen, dass diese viele schöne, unauslöschliche Erinnerungen in Ihnen hervorrufen werden.

Dasselbe gilt für Erinnerungsstücke: Heben Sie persönliche Gegenstände auf, die Sie mit der verstorbenen Person in Verbindung bringen und die Erinnerungen auffrischen können. Um welchen Gegenstand es sich dabei handelt, spielt keine große Rolle – es kann sowohl eine Uhr, eine Anstecknadel, eine Krawatte oder auch nur ein Kugelschreiber sein, die Hauptsache ist, dass Sie eine Verbindung zu der verstorbenen Person herstellen können: „Das war der Kugelschreiber, den er immer zum Briefeschreiben benutzt hat, die Krawatte, die er immer bei Familienfeiern getragen hat, die Anstecknadel, die sie bei meiner Hochzeit trug, etc."

Suchen Sie sich einen besonderen Platz für diesen Gegenstand aus. Er sollte insbesondere zu Beginn des Trauerprozesses möglichst sichtbar platziert werden, um die positiven Erinnerungen bewusst hervorzurufen. Nach einer gewissen Zeit können Sie den Gegenstand auch sicher verstauen, sodass er Ihnen nicht mehr ständig in Ihrem Alltag begegnet. Halten Sie den Gegenstand dennoch in Ehren, denn er symbolisiert Ihre Erinnerungen an den Verstorbenen.

## Erinnerungsrituale und -aktivitäten

Feste Rituale helfen uns in jedem Fall dabei, eine Struktur zu finden, in der wir uns sicher bewegen können. Strukturen unterstützen uns deshalb, weil wir uns an ihnen orientieren können, ohne jeden Schritt neu überdenken zu müssen. Ein Ritual kann eine bereits vorhandene Struktur zusätzlich festigen.

Zum Beispiel: Ich stehe jeden Morgen um 06:30 Uhr auf, gehe erst ins Bad, danach frühstücke ich, dann verlasse ich um 07:15 Uhr das Haus, nehme den Zug um 07:25 Uhr, bin um 07:40 Uhr im Büro, trinke dort noch einen Kaffee und beginne um 08:00 Uhr mit der Arbeit. Zwar könnte man auch an einem Tag um 06:30 Uhr, an einem anderen um 06:15 Uhr und an einem anderen wiederum erst um 07:00 Uhr aufstehen und wäre dennoch immer um 08:00

Uhr auf der Arbeit, es würde aber die Struktur fehlen, wenn man die Rituale nicht beachten würde, oder anders gesagt: Man wüsste abends vor dem Zubettgehen nicht, was einen am nächsten Morgen genau erwartet.

Solche festen Rituale helfen auch bei der Trauerarbeit. Sie geben der Trauer, den Gefühlen und den Gedanken Struktur. Versuchen Sie daher, gewisse Abläufe fest in Ihren Alltag zu integrieren. Damit beugen Sie zudem, zumindest in einem gewissen Maße, starken emotionalen Schwankungen vor. Wenn Sie bereits morgens wissen, dass Sie Ihre Trauer in einem bestimmten Ritual zum Ausdruck bringen, können Sie Ihren Emotionen im Rahmen dieses Rituals freien Lauf lassen. Die Wahrscheinlichkeit, dass Emotionen Sie plötzlich und unerwartet überkommen, nimmt somit ab.

Da Trauer eine emotionale Extremsituation darstellt, sollten Sie dennoch flexibel bleiben und nicht zu dogmatisch werden, wenn es um Ihre Rituale geht. Insbesondere zu Beginn, wenn Sie noch im Prozess des Etablierens sind, kann es passieren, dass Ihre Emotionen nicht zu dem Ritual passen. Zum Beispiel: Eigentlich wollen Sie jeden Morgen, bevor Sie das Haus zum Arbeitsplatz verlassen, ein altes Foto als Erinnerung betrachten und fünf Minuten innehalten, um dem Verstorbenen zu gedenken. Nun wachen Sie aber nachts um vier Uhr auf, weil Sie von diesem geliebten Menschen geträumt hatten und die Emotionen Sie nun überkommen. Ist dies der Fall, kann es unter Umständen hilfreich sein, das Foto direkt zu betrachten und nicht zwanghaft zu versuchen, wieder einzuschlafen, um dann das Ritual zu einem späteren Zeitpunkt durchzuführen. Gestatten Sie sich und Ihren Emotionen einen gewissen Spielraum, denn wir haben bereits gelernt, dass es kontraproduktiv ist, Erinnerungen und Emotionen zu unterdrücken. Das, was Sie in diesem Moment empfinden, ist immer richtig.

## Übung: Feste Rituale etablieren

**1. Wiederkehrende Situationen:**
Ein festes Ritual wird am besten in eine alltäglich wiederkehrende Situation eingebunden. Nur so kann es tatsächlich fester Bestandteil Ihres Tagesablaufes werden. Oder in einem Extrembeispiel gesagt: Ein Ritual, das besagt, dass Sie immer dann eine Tasse Tee trinken, bevor Sie nach Japan fliegen, wird keinerlei Auswirkungen auf Ihren Alltag haben, denn Sie fliegen höchstwahrscheinlich überaus selten nach Japan. Verweben Sie Ihr Ritual stattdessen mit etwas, das Sie ohnehin täglich machen, zum Beispiel Frühstücken, Zähneputzen, aus dem Haus gehen etc.: „Kurz bevor ich aus dem Haus gehe, schaue ich mir immer noch einmal ein gemeinsames Bild von mir und dem Verstorbenen an, damit er auch draußen bei mir ist." Ein solches Ritual lässt sich ohne großen Aufwand etablieren und kann täglich angewendet werden, wodurch es sich verfestigt.

**2. Positivität:**
Das Erinnerungsritual sollte vor allem positive Emotionen in Ihnen hervorrufen. Auch wenn es sich nicht vermeiden lässt, dass im Prozess der Erinnerung auch schmerzhafte Gefühle auftreten, sollte Ihnen das Ritual im Großen und Ganzen eher ein positives Gefühl geben und nicht zur zusätzlichen Belastung werden. Versuchen Sie also, das Ritual zeitlich so zu legen, dass es für Sie nicht zum Stressfaktor wird. Planen Sie entsprechend Zeit für Ihr persönliches Ritual ein und nehmen Sie sich die Zeit, anderenfalls haben Sie durch Ihr Ritual bloß einen Punkt mehr auf Ihrer Agenda, den Sie „abarbeiten" müssen.

**3. Konsequenz:**
Nimmt Ihr Ritual Ihnen keine wertvolle Zeit weg und ist es gut mit dem Alltag vereinbar, sollten Sie das Ritual konsequent durchführen. Einerseits bringt Ihnen die Routine Sicherheit, andererseits fühlen Sie sich besser, wenn Sie mit einer positiven Erinnerung an eine verstorbene Person in den Tag starten können. Versuchen Sie also, wenn möglich, zu Beginn des Trauerprozesses keine Ausnahmen zu machen, sondern konsequent in der Durchführung Ihres Rituals zu sein. Erst mit der Zeit werden Sie feststellen, dass Sie das Ritual nicht mehr zwingend benötigen, da Sie langsam damit beginnen, die Trauer ad acta zu legen, das heißt, sie ist nicht mehr ihr alltäglicher Begleiter. Wenn Sie das feststellen, können Sie guten Gewissens mit dem Ritual aufhören, um nicht länger als nötig in der Trauer verfangen zu sein.

## Das Erstellen von Erinnerungsalben oder Tagebüchern

Erinnerungen leben in uns weiter, können aber zum Beispiel von Fotos, Videos oder schriftlich festgehaltenen Erlebnissen zusätzlich gestützt werden. Erinnerungsalben oder Tagebücher bieten eine gute Möglichkeit, mehrere Erinnerungsbilder oder Erinnerungsstücke komprimiert zusammenzufassen. Bei der Gestaltung haben Sie freie Hand – gestalten Sie Ihr individuelles Album oder Tagebuch mit den Erinnerungen, die Ihnen besonders wichtig sind.

Dabei können die ausgewählten Bilder chronologisch geordnet oder nach Themen sortiert sein, also etwa „gemeinsame Urlaube" oder „gemeinsame Familienfeiern". Wenn Sie selbst nicht ausreichend Bildmaterial haben, fragen Sie Verwandte und Freunde des Verstorbenen, ob diese eventuell eines oder mehrere Bilder haben, die Sie mit dem Verstorbenen zeigen. Seien Sie offen und ehrlich, was Ihre Intention angeht, meist freuen sich alle Hinterbliebenen, wenn dem Verstorbenen auf diese Art und Weise gedacht wird.

**Übung: Ein Erinnerungsalbum erstellen**

Suchen Sie sich vor allem Bilder heraus, die positive Erinnerungen und angenehme Gefühle in Ihnen wecken. Ist der Verstorbene also vor seinem Tod krank gewesen, sollten Sie nach Möglichkeit keine Bilder auswählen, die ihn in einem schwer kranken Zustand zeigen, sondern lieber fröhlichere, freundlichere Bilder, die Sie beispielsweise zusammen in einem Restaurant, am Strand oder unter dem Weihnachtsbaum zeigen.

Gehen Sie die Bilder beim Erstellen des Albums im Geiste durch, um sich aktiv erinnern zu können. Welche Momente haben Sie gemeinsam erlebt? Wie hat es sich in diesem Moment angefühlt? Versuchen Sie, die positiven Erinnerungen zu reaktivieren, und sprechen Sie auch mit anderen Hinterbliebenen über diese Erinnerungen: „Weißt Du noch, als ..." Gehen Sie dabei gemeinsam das Erinnerungsalbum durch und erleben Sie nochmals schöne Momente, gemeinsam mit dem Verstorbenen.

Auch hier gilt: Erlaubt ist, was Ihnen hilft. Sie können das Erinnerungsalbum frei gestalten, auch die Auswahl der Bilder obliegt alleine Ihnen.

## Rituale zur Würdigung und Verabschiedung des Verstorbenen

Auch die Verabschiedung selbst ist ein enorm wichtiger Moment des Erinnerns. Wir sprechen davon, einem Verstorbenen *die letzte Ehre zu erweisen*, indem wir uns kollektiv an ihn erinnern. Dies geschieht oftmals in einem ritualisierten Kontext, wobei die Art des Rituals von Religion zu Religion, von Kultur zu Kultur verschieden ist. In jedem Fall aber geht es darum, des Verstorbenen zu gedenken und sich erinnerungswürdige Momente ins Gedächtnis zu rufen.

In der christlichen Tradition etwa hält ein Pfarrer üblicherweise eine Trauerrede, in der zumeist die Stationen des Lebens des Verstorbenen skizziert werden. Somit erhält jeder der anwesenden Trauernden die Gelegenheit, sich an *seinen* Moment mit dem Verstorbenen zu erinnern und diesen festzuhalten. Auch im Judentum ist die Trauerrede üblich und viele säkulare Menschen (also solche, die sich keiner Religion zugehörig fühlen) engagieren nicht-kirchliche Trauerredner. Im Islam wird mit einem Totengebet nicht nur an den Verstorbenen gedacht, sondern es werden auch die Propheten angerufen, mit der Bitte, den Toten bei sich aufzunehmen.

### Trauerfeiern und Beerdigungen gestalten

Als Hinterbliebener haben Sie oft die Aufgabe (meist zusammen mit anderen Angehörigen), die Trauerfeier oder Beerdigung zu organisieren. Hierbei spielen zwei Aspekte eine tragende Rolle. Erstens: Was hätte dem Verstorbenen gefallen; zweitens: Was ist wichtig für die Angehörigen? Beide Fragen sind von Relevanz, schließlich möchte man eine Trauerfeier im Sinne des Verstorbenen gestalten; wenn dieser zum Beispiel ein überaus pragmatischer Mensch war, der jede Form der Dekoration als „Kitsch" bezeichnete, wäre es sicherlich unpassend, einen übermäßig geschmückten, ausstaffierten Festsaal für dessen Trauerfeier zu mieten. Jedoch dient die Trauerfeier auch dem Abschiednehmen und dem Erinnern, also den Menschen, die zur Feier gekommen sind. Daher sollte auch für sie der Rahmen angemessen sein.
Folgende Fragen sollten Sie bei der Gestaltung einer Trauerfeier berücksichtigen:

- Hat der Verstorbene sich zeit seines Lebens zu einer möglichen Trauerfeier geäußert? Oder hat er eine Präferenz für eine Bestattungsmethode angegeben (Urnenbegräbnis, Beerdigung, Seebestattung)?
- War der Verstorbene religiös (das heißt: Hätte er eine kirchliche / islamische Bestattung gewollt)?
- Gibt es einen speziellen, bedeutungsvollen Ort, an dem der Verstorbene beerdigt werden sollte?
- Können die Hinterbliebenen und diejenigen, die Abschied nehmen möchten, größtenteils an diesen Ort gelangen?

• Wie soll der Tenor der Trauerfeier sein? Eher getragen oder eher mutmachend / positiv?
• Wie ist es um Ihr Budget bestellt? Können Sie sich zum Beispiel eine große Trauerfeier mit einer anschließenden Einladung aller Gäste zu einem Essen leisten oder sollten Sie den Rahmen kleiner halten?

Wenn Sie die Trauerfeier mit mehreren Personen zusammen planen, können Sie sich den organisatorischen Aufwand zumindest teilen, sodass jeder einen oder zwei Aspekte bearbeitet. Sind Sie mit der Organisation alleine, empfiehlt es sich dennoch, jemanden ins Boot zu holen, dem Sie diesbezüglich vertrauen. Eine komplette Trauerfeier alleine zu organisieren ist schwierig und langwierig – wenden Sie sich ansonsten an ein Bestattungsinstitut / eine Pietät und sprechen Sie mit dem dortigen Personal. Erarbeiten Sie gemeinsam eine Checkliste mit den wichtigsten organisatorischen Punkten und gehen Sie diese strukturiert, Schritt für Schritt, durch.

## Traditionen und Bräuche im Zusammenhang mit dem Tod

Rituale, Traditionen, Bräuche – ihnen ist gemeinsam, dass sie sowohl für eine gedankliche Struktur sorgen können als auch einen symbolischen Abschied von einer geliebten Person darstellen. Selbst wenn Sie sich nicht als traditionsbewussten Menschen beschreiben würden, ein gewisses Maß an Tradition ist im Prozess der Trauerbewältigung sicherlich hilfreich. Nicht ohne Grund haben sich Traditionen herausgebildet und etabliert, das bedeutet, sie haben einen Nutzen, der sich über Generationen hinweg entfaltet. Außerdem ist die Wahrung einer gewissen Tradition häufig im Sinne der Verstorbenen, da nachweislich die Bindung zu Traditionen mit fortgeschrittenem Alter zunimmt. Oder einfacher gesagt: *Je älter man wird, desto wichtiger werden Traditionen.*

## Info: Verschiedene Abschiedstraditionen

**1. Leichenschmaus:**
Der Leichenschmaus ist eine weit verbreitete Tradition in Deutschland. Dabei trifft sich die Trauergemeinde nach der Beisetzung in einem nahegelegenen Café oder Restaurant zum Essen. Ursprünglich war das gemeinsame Mahl dafür gedacht, weit angereiste Gäste zu versorgen (in Zeiten, in denen man mit einer Kutsche anreisen musste). Heute dient der Leichenschmaus in erster Linie dem Austausch von Erinnerungen und einem kollektiven Gedenken, zudem bietet sich eine Gelegenheit, sich mit anderen Hinterbliebenen zu unterhalten.

**2. Trauerschmuck:**
Auch das Erstellen von Trauerschmuck ist eine gängige deutsche Tradition. Der Schmuck kann selbstgefertigt oder zum Beispiel von einem Goldschmied bearbeitet sein. Welches Schmuckstück in welcher Form und Größe Sie dabei als Erinnerungsstück prägen lassen, spielt keine Rolle. Das Schmuckstück symbolisiert die Erinnerung an den Verstorbenen. Eine Gravur mit dessen Namen oder Geburts- und Todesdatum ist ein klassisches Element des Trauerschmucks – und auch hier gilt: Alles ist erlaubt. In der Regel wird ein einziges Schmuckstück gefertigt, wenn Sie mehrere Hinterbliebene sind, ist es jedoch auch denkbar, dass jeder von Ihnen ein solches Stück erstellt.

**3. Familiäre Traditionen:**
Sollte Ihre Familie eine derartige eigene Tradition kennen, sollten Sie diese, wenn möglich, pflegen. Sprechen Sie daher mit Familienangehörigen, ob sich eine bestimmte Tradition in Ihrer Familie etabliert hat.

## Persönliche Rituale entwickeln und pflegen

Über die festgelegten Rituale der Religion, der Kultur oder der Familie hinaus besteht für Sie die Möglichkeit, eigene Rituale zu etablieren und zu pflegen, die entsprechende Übung hierzu haben wir bereits besprochen. Versuchen Sie, eine Regelmäßigkeit zu etablieren und die Rituale gezielt und bewusst durchzuführen. Auf diese Weise können sie Ihnen helfen, Ihre Trauer in geordnete, feste Bahnen zu lenken und so das Gefühl der Ohnmacht oder der Willkür besser zu kontrollieren. Rituale helfen Ihnen dabei, sich nicht von den Gefühlen übermannen zu lassen.

## Kreative Wege, Erinnerungen zu bewahren

Über die therapeutische Wirkung von Kunst und Kreativität hatten wir ja bereits in einem früheren Kapitel gesprochen. An dieser Stelle soll es noch einmal darum gehen, wie Sie explizite Erinnerungen lebendig werden lassen. Auch hierzu eignet sich eine kreative Auslebung der Trauer.

### Kunst zur Bewahrung der Erinnerung

Kunst kann, wie wir bereits gelernt haben, dabei helfen, die eigenen Emotionen zu kanalisieren, sie kann aber auch dazu eingesetzt werden, einem verstorbenen Menschen eine Art Denkmal zu setzen. Sie können zum Beispiel ein Album kreieren, etwas aus jedem erdenklichen Material bauen, das Sie an den Verstorbenen erinnert, ein Bild malen, das Sie mit ihm zusammen zeigt, etc. Der Fantasie sind auch in diesem Fall keine Grenzen gesetzt.

Sie sind zudem frei in der Wahl des Stilmittels – wenn Sie beispielsweise malen, spielt es keine Rolle, ob Sie versuchen, eine Art fotorealistisches Porträt des Verstorbenen zu zeichnen oder ob Sie sich beispielsweise abstrakter Kunst bedienen. Wichtig ist lediglich, dass Sie sich über das geschaffene Kunstwerk immer wieder an den Verstorbenen erinnern. Mit Fürsten, Päpsten oder anderen großen historischen Figuren hat es schließlich auch funktioniert. Wir alle wissen, wie Napoleon Bonaparte aussah, auch wenn er in einer Zeit lebte, in der keine Fotos möglich waren, weil wir Gemälde von ihm kennen. Auch eine Dame namens „Mona Lisa“, seinerzeit keine Berühmtheit, hat sich ins kulturelle Gedächtnis der Menschheit eingeprägt.

Wenn Sie also kreativ veranlagt sind, sollten Sie es ausprobieren – halten Sie die Erinnerung an den Verstorbenen durch eine künstlerische Form des Ausdrucks am Leben.

## Gedenkobjekte oder Denkmäler schaffen

Ein solcher Kunstgegenstand kann zum Gedenkobjekt oder zum Denkmal werden, jedoch eignet sich auch jeder andere Gegenstand als ein Gedenkobjekt, Hauptsache, Sie verbinden etwas mit ihm.

Bei Denkmälern denken wir zudem häufig an opulente Statuen oder großflächig angelegte Kunstprojekte; doch auch ein kleiner Gegenstand kann bereits ein Denkmal sein. Der Volksmund kennt schließlich nicht umsonst die Formulierung: *Jemandem ein Denkmal setzen*. Es liegt also bei Ihnen, dem verstorbenen Menschen ein solches Denkmal zu setzen, kreieren Sie etwas, das Sie immerzu an den Verstorbenen erinnert, das seine Persönlichkeit abbildet und Ihre Wertschätzung für die Person zum Ausdruck bringt.

### Übung: Gedenken aufrechterhalten

Bei all diesen Übungen geht es letzten Endes darum, die Erinnerung an den Verstorbenen aufrechtzuerhalten – wir können ihn durch den Tod nicht verlieren, wenn wir nur an ihn denken. Denkmäler, Gedenkobjekte, Erinnerungstagebücher – all dies sind lediglich Vehikel, um das Denken in Schwung zu bringen; unsere Gedanken, unsere Erinnerungen. Dabei geht es hier insbesondere um Formen des *aktiven Erinnerns*. Sie lassen nicht bloß Ihre Gedanken kreisen, sondern Sie gehen aktiv mit ihnen um, rufen Sie unter Umständen sogar aktiv hervor, indem Sie zum Beispiel ein Bild ansehen.

Über die Zeit wird die Erinnerung ein wenig verblassen, daran ändern selbst Denkmäler nichts. Doch um zu verhindern, dass die Erinnerung irgendwann zu blass wird, sodass sie kaum noch vorhanden ist, ist eine Manifestation der Erinnerung, in welcher Form auch immer, essentiell. Suchen Sie sich daher eine oder mehrere der vorgestellten Methoden aus, um das Gedenken aufrechtzuerhalten.

## Die Nutzung von digitalen Medien zur Erinnerung und Teilhabe

Auch digitale Medien bieten heutzutage diverse Möglichkeiten, einen Verstorbenen in Erinnerung zu behalten. Nicht nur, dass wir Bilder auf digitalen Festplatten oder in einer Cloud speichern können, auf die wir jederzeit zugreifen können, ohne ein physisches Fotoalbum aus Karton und Papier herumtragen zu müssen, auch können wir zum Beispiel kreative Collagen mithilfe digitaler Assistenten erstellen. Manche Menschen empfinden digital erstellte Erinnerungsstücke als zu wenig persönlich und bevorzugen ihrerseits physisch vorhandene Erinnerungen, wie zum Beispiel ein Fotoalbum.

Andere wiederum favorisieren die digitale Variante, da sie sich leichter transportieren lässt und die Erinnerung an die geliebte Person somit präsenter ist. Auf dem Handy oder Tablet gespeichert, können Sie sich die entsprechenden Bilder oder Collagen auch auf dem Weg zur Arbeit in der S-Bahn anschauen, wohingegen man dicke Fotobücher selten mit sich herumträgt. Zudem kann man auch andere teilhaben lassen, indem man beispielsweise die Cloud mit den Bildern für die gesamte Familie und alle weiteren Trauernden freigibt. Auf diese Art und Weise ermöglichen Sie nicht nur eine Teilhabe, sondern ein gemeinsames Erinnern.

Entscheiden Sie für sich, ob digitale Medien für Sie infrage kommen oder nicht. Auch hier geht es wieder einzig und allein um Ihre Empfindungen. Was Ihnen bei der Trauerbewältigung hilft, ist gut und richtig.

# Schritt 6: Neue Perspektiven entwickeln

***„Ich wohne in meinem eigenen Haus, hab niemandem nie nichts nachgemacht und lachte noch jeden Meister aus, der nicht sich selber ausgelacht."***

(Friedrich Nietzsche, „Die fröhliche Wissenschaft")

Natürlich erleben wir den Verlust eines geliebten Menschen als eine Bürde, als ein einschneidendes, negatives Ereignis. Viele Trauernde berichten, dass sie sich zunächst ungerecht behandelt fühlen – *„Warum ausgerechnet ich? Warum muss mir etwas derart Schreckliches widerfahren?"* Doch der Verlust ist etwas Natürliches, genauso wie der Tod Bestandteil des Lebens ist. Das macht ihn selbstverständlich nicht weniger schmerzhaft, hilft aber bei einer realistischen Betrachtung des Geschehenen. In diesem Kapitel soll es darum gehen, eine neue Perspektive zu entwickeln und die Trauer und den durch sie verursachten Schmerz zu lindern, vielleicht sogar umzukehren. So wie Nietzsche im obenstehenden Zitat die Autorität eines vermeintlichen Meisters umdeutet und zu einer kontraintuitiven Deutung gelangt, sollten wir an dieser Stelle ebenfalls den Mut finden, den Trauerschmerz entgegen der Intuition zu deuten.

## Herausforderungen und Chancen im Verlust erkennen

Jede Veränderung in unserem Leben, und sei sie noch so einschneidend, bietet einerseits Herausforderungen und andererseits Chancen. Bei einem Trauerfall fällt die Evaluation der Chancen-Seite besonders schwer. Welche Chance soll schließlich darin liegen, jemanden zu verlieren, der einem viel bedeutet hat? Eine Antwort darauf könnte wie folgt lauten: Die Chance liegt darin, dass wir lernen, mit Verlust umzugehen. Wir lernen den Schmerz kennen und gleichzeitig lernen wir etwas über uns selbst und unseren Umgang mit Extremsituationen. Leider erleiden die meisten von uns im Laufe ihres Lebens nicht nur einen Verlust – wir verlieren unsere Großeltern, Großtanten oder -onkel und früher oder später sehr wahrscheinlich auch unsere Eltern.

Indem wir den Umgang mit der Trauer erlernen und unsere komplexen Emotionen zu verstehen lernen, werden wir resilienter für eventuell noch kommende Trauerfälle und wir entwickeln Strategien zum Umgang mit unseren Gefühlen, die uns in anderen emotional herausfordernden Situationen behilflich sein können. Dieser Gedankensprung ist jedoch nicht immer einfach zu vollziehen. Ihn in der ersten Phase der Trauer zu unternehmen, ist wahrscheinlich sogar nahezu unmöglich – und das ist durchaus in Ordnung. Niemand erwartet von Ihnen, dass Sie unmittelbar nach einer Verlusterfahrung damit beginnen, nach Chancen zu suchen. Nehmen Sie sich die Zeit, die

Sie brauchen, um traurig, wütend oder enttäuscht zu sein, und beginnen Sie erst nach dem Überstehen dieser Phase mit dem Prozess der kognitiven Umstrukturierung, mit deren Hilfe wir unsere Gedanken in eine positivere Richtung lenken können.

## Kognitive Umstrukturierung zur Umkehr negativer Gedanken

In der Psychotherapie wird beim Prozess der Umwandlung von negativen in positive Gedanken und Grundeinstellungen häufig die Methode der *kognitiven Umstrukturierung* angewendet. Grundlage dieser Methode ist das sogenannte A-B-C-Modell.

Betrachten wir ein Beispiel, das zu unserem Thema passt: Sie verlieren einen geliebten Menschen. Dieses Ereignis würde im A-B-C-Modell mit dem Buchstaben **A** gekennzeichnet. Sie fühlen sich daraufhin traurig, wütend, niedergeschlagen, das heißt, negative Emotionen arbeiten in Ihnen. Dies ist das Endergebnis, welches mit dem Buchstaben **C** benannt wird. Sie führen die Auswirkung (negative Emotionen) C auf A, den Trauerfall, zurück. Doch dazwischen erfolgt ein entscheidender Schritt, den wir häufig außer Acht lassen: unsere eigenen Gedanken und Assoziationen (Buchstabe **B**)!

Der Tod einer vertrauten Person (A) führt zunächst zu einer negativen Gedanken- und Interpretationsspirale Ihrerseits (B): *„Ich werde diesen Menschen nie wieder sehen, ich hatte ihm doch noch so viel zu sagen. Ich werde den Verlust so schnell nicht verkraften."* Diese führt wiederum dazu, dass Sie sich schlecht oder emotional instabil fühlen (C). Die Ursache für Ihr negatives Empfinden ist also nicht A, sondern B. Den Beweis hierfür können Sie über folgendes Gedankenexperiment führen: Stellen Sie sich vor, ein Mensch aus Ihrem nahen Umfeld, den Sie nicht ausstehen konnten, verstirbt. Zwar haben Sie sich auf Familienfeiern regelmäßig gesehen und (zwangsläufig) ausgetauscht, doch im Grunde war Ihnen die Person zuwider. Werden Sie sich nach dem Tod dieser Person ebenso schlecht fühlen wie nach dem Tod einer wahrlich *geliebten* Person? Die Antwort lautet nein. Wenn aber C aus A, also dem Trauerfall, folgen würde, müssten Ihre Empfindungen gleich sein, denn in beiden Fällen ist eine Person aus Ihrem Umfeld verstorben.

Die kognitive Umstrukturierung erfolgt also auf Grundlage des A-B-C-Modells. Der Ansatz, der dabei verfolgt wird, ist die Umstrukturierung von B, also der eigenen Gefühlswahrnehmung und der daraus resultierenden (negativen) Gedanken, wir versuchen hier, auf eine Weise an B zu arbeiten, dass daraus nicht zwangsläufig ein negatives C folgen muss.

## Übung: Kognitive Umstrukturierung in fünf Schritten

**1. Das Modell verstehen:**

Zunächst müssen wir verstehen, was das A-B-C-Modell bedeutet. Ihnen muss bewusst sein, dass A nicht zu C führt, sondern B zu C. Reflektieren Sie also in Situationen, in denen Sie ein schlechtes Gefühl haben (Überforderung, man sieht lediglich die Herausforderungen und nicht die Chancen), das A-B-C-Modell.

**2. Die Aufdeckung von dysfunktionalen Kognitionen in einer konkreten Problemlage:**

Im nächsten Schritt erfolgt die Erkenntnis, dass die Kognition dysfunktional ist. In einfacheren Worten ausgedrückt bedeutet das: Es ist schlicht unvorteilhaft für Sie und für Ihre mentale Gesundheit, wenn Sie dauerhaft dabei bleiben, Probleme statt die damit verbundenen Lösungen und Chancen zu sehen. Es gilt, zu verstehen, dass auch in einer emotional sehr angespannten Situation die Chance, persönlich zu wachsen, vorhanden ist und die Hindernisse, die den Chancen im Weg stehen, überwiegen kann.

**3. Die Infragestellung dieser dysfunktionalen Kognitionen:**

Wenn Sie erst einmal verstanden haben, dass Sie es mit dysfunktionalen Kognitionen zu tun haben, geht es im nächsten Schritt darum, diese infrage zu stellen: „*Welche negativen Gefühle belasten mich im Moment und warum sind sie dauerhaft derart präsent*? *Welche Möglichkeiten bieten sich mir, den Schmerz, den ich zurecht empfinde, zu verarbeiten*?" Wenn Sie diesen Reflexionsprozess erst einmal begonnen haben, werden Sie schnell dazu kommen, Ihre dysfunktionalen Kognitionen generell zu hinterfragen, denn Sie werden schnell feststellen, dass Sie auch im Alltag häufiger mit Ihnen zu tun haben. Sie werden zu der Erkenntnis gelangen, dass diese niemandem weiterhelfen, weder Ihnen selbst (im Gegenteil, denn Sie werden dadurch ausgebremst) noch Ihrem Umfeld, das unter Umständen ebenfalls trauert und Sie als wertvolle Stütze brauchen kann.

**4. Die Erarbeitung von angemessenen/funktionalen Kognitionen:**

Wenn Sie sich also innerlich von Ihren als dysfunktional erkannten Kognitionen verabschieden, benötigen Sie neue, *positive* Kognitionen. Anstatt sich in der Trauer zu verlieren und die Situation als ausweglos zu betrachten, sagen Sie sich lieber: „Der Verlust ist schmerzhaft und er macht mich traurig. Doch ich habe nun die Chance, mich angemessen zu verabschieden, und in meinem Herzen und meinen Gedanken wird er/sie immer weiterleben. Diese Situation ist eine Chance, ihm/ihr die letzte Ehre zu erweisen." Aus einem negativen B wird also ein positives B. Dieser Prozess muss zu Beginn sicherlich forciert werden, doch positives Denken kann man trainieren. Im letzten Kapitel werden wir eine 30-Tage-Challenge skizzieren, mit der Sie in genau einem Monat die grundlegenden Schritte zur Trauerbewältigung gehen werden. Bestandteil dieser Challenge wird auch das positive Denken sein. Sagen Sie sich bewusst und direkt vor: „Diese Herausforderung ist eine Chance, es gibt hoffnungsvolle/mutmachende Aspekte daran."

**5. Die Einübung der funktionalen Kognitionen in konkreten Problemlagen:** Ähnlich wie die Interpretation eines Kunstwerks kann auch die Erarbeitung funktionaler Kognitionen schnell abstrakt werden. Darum ist es entscheidend, die Kognitionen im Alltag einzuüben und sie so konkret werden zu lassen. Gehen Sie also bewusst durch Ihren Alltag und versuchen Sie jeden Tag gezielt, *positiv* zu denken und Ihre Umwelt unter positiven Gesichtspunkten zu deuten. Betrachten Sie einen Fremden, der sich neben Sie auf eine Bank setzt, nicht als Störenfried, sondern als potenziellen, interessanten Gesprächspartner. Er setzt sich nicht neben Sie, um Sie zu entnerven, sondern weil er sich möglicherweise neben Ihnen wohl fühlt. Begegnen Sie Fremden gegenüber offen und sprechen Sie mit Ihnen, wenn sich eine gute Gelegenheit ergibt. Sehen Sie Momente der Trauer oder Momente, in denen Sie intensiv an den Verstorbenen denken müssen, nicht als Hindernis, sondern als Chance, sich zu erinnern, und zugleich als Chance zur Selbstreflexion und Auseinandersetzung mit den eigenen Gefühlen. Trauer ist nicht ausschließlich negativ, denn sie kann Ihnen beim Kennenlernen Ihrer eigenen Gefühlswelt helfen. Sie werden sehen, dass es Ihnen schon nach kurzer Zeit besser damit geht.

Durch die kognitive Umstrukturierung lernen Sie, negative Gedanken neu zu begreifen und die Chancen dahinter zu sehen. Somit werden Sie persönlich wachsen. Dieser persönliche Wachstumsprozess ist wiederum förderlich für die Trauerbewältigung.

## Veränderungen als Wachstumschance betrachten

Persönliches Wachstum ist nicht an materielle Werte gekoppelt, sondern an ideelle, persönliche. Die eigene Weiterentwicklung erfolgt vielmehr durch Erfahrungen und Reflexionen. Und diese werden Sie im Rahmen der Trauerbewältigung zwangsläufig machen. Schließlich lernen Sie während des Trauerprozesses etwas über sich und ihren Umgang mit Emotionen. Durch die zahlreichen Übungen, die wir bereits besprochen haben, lernen Sie zudem, wie Sie mit Ihren Emotionen umgehen und diese verarbeiten können.

Emotionen zu verarbeiten, ist ein entscheidender Schritt für das persönliche Wachstum. Kinder halten ihre Emotionen beispielsweise selten unter Kontrolle – sie sagen, was ihnen in den Sinn kommt. Wenn sie fröhlich sind, lachen sie, wenn sie wütend oder traurig sind, schreien sie. Erst im erwachsenen Alter gelingt es uns, unsere Emotionen zu kontrollieren und mit ihnen auch dann fertig zu werden, wenn wir sie nicht direkt nach außen tragen können (zum Beispiel, weil Sie sich gerade im Büro befinden und es trotz Ihrer Wut über den Chef unangebracht wäre, im Büro zu schreien). Umgang mit

Emotionen bedeutet persönliches Wachstum und persönliche Reife. Wenn Sie den richtigen Umgang mit schwierigen, komplexen Emotionen wie Trauer gefunden haben, werden Sie mit alltäglicheren Gefühlen erst recht besser umgehen können. Oftmals lässt sich zudem feststellen, dass Menschen infolge eines Trauerfalls in anderen Bereichen ihres Lebens gelassener werden. Man ärgert sich nicht mehr über den Nachbarn, der das Treppenhaus schmutzig hinterlässt, oder über die S-Bahn, die mal wieder zu spät kommt, weil man durch die Trauer gelernt hat, dass es wesentlich wichtigere und schwerwiegendere Dinge in unserem Leben gibt als die alltäglichen „Problemchen". Auch aus diesem Grund führt Trauerbewältigung zu einem persönlichen Wachstum in Form von Gelassenheit im Alltag.

Weiterhin werden die Reflexionen der eigenen Gefühle und Gedanken und somit auch der eigenen Person im Prozess der Trauerbewältigung gestärkt. Wir sind ständig dazu gezwungen, uns mit unserer eigenen Persönlichkeit auseinanderzusetzen. Reflexion ist ein weiterer, überaus wichtiger Baustein für persönliches Wachstum. Durch die Reflexion unterscheidet sich der Erwachsene vom Kind und ganz grundsätzlich der Mensch von allen anderen Tieren. Nutzen Sie also die zunehmende Reflexionshaltung, in die Sie sich während der Trauerarbeit begeben, als Chance für Ihr persönliches Wachstum.

## Die Bewältigung von Veränderung im Alltag

Oftmals verändert sich durch den Verlust einer uns nahestehenden Person auch unser Alltag. Vielleicht haben wir den Verstorbenen einmal die Woche gesehen oder zumindest angerufen; vielleicht gab es eine familiäre Tradition, sich an bestimmten Feiertagen zum Essen zusammenzusetzen. Durch den Verlust des geliebten Menschen verändert sich dieser Ablauf.

*Veränderung* ist in allen Bereichen unseres Lebens präsent, sie ist eine große Konstante des Lebens und der Geschichte. Wenn Sie das Gefühl haben, dass sich nichts verändert, blicken Sie einmal 80 Jahre zurück (geschichtlich betrachtet ein überaus kurzer Zeitraum) und sehen Sie sich Deutschland damals und heute an. Der Unterschied wird mehr als deutlich, somit ist offensichtlich, dass Veränderungsprozesse sowohl individuell als auch gesamtgesellschaftlich oftmals schneller voranschreiten als gedacht.

Daher müssen alle Menschen früher oder später mit Veränderungen zurechtkommen. Für manche sind die Einschnitte nicht sonderlich groß, für andere sind sie gravierend, zum Beispiel beim Verlust der Arbeit, einer Scheidung oder eben einem Trauerfall. Doch in all diesen Fällen bleibt uns meist nichts anderes übrig, als den Verlust anzunehmen, zu akzeptieren: *„Ich weiß, dass ich einen geliebten Menschen verloren habe, es schmerzt, daher ist es schwer, dies zu akzeptieren. Aber ich muss lernen, mit dem Gedanken zu leben."*

Sie werden über kurz oder lang feststellen, dass auch Sie anpassungsfähig sind und sich relativ schnell an den neuen Alltag, an die veränderten Umstände, gewöhnt haben. Das erste Weihnachten ohne die verstorbenen Großeltern fühlt sich noch ungewohnt und „falsch" an, schon das zweite wird sich normaler anfühlen und vier oder fünf Jahre nach deren Tod wird es Ihnen normal vorkommen, Weihnachten ohne sie zu feiern, was allerdings keinesfalls heißt, dass die Erinnerung nicht mehr präsent ist (siehe Kapitel 5). Auch wenn Sie sich an Veränderungen gewöhnen, sollten Sie dennoch stets die Erinnerung als die „alte Normalität" aufrechterhalten – das eine schließt das andere nicht aus!

Mit folgenden Übungen lernen Sie, wie Sie Veränderungen leichter akzeptieren und sich entsprechend an die veränderten Umstände anpassen können.

## Übungen: Veränderung akzeptieren

**1. Geschehenes lässt sich nicht verändern:**

Dieser Satz klingt banal, doch er drückt einen entscheidenden Aspekt der Trauerarbeit aus. Wir können das Geschehene nicht mehr beeinflussen, verändern oder ungeschehen machen. Vorstellungen, dass man in der Zeit zurückreisen könnte, um deren Lauf zu verändern, funktionieren lediglich in der Literatur oder im Kino, doch die Realität ist eine andere. In mancherlei Hinsicht sind wir *machtlos*. Auch wenn uns unser Schicksal einmal hart oder ungerecht vorkommt, seien Sie sich stets bewusst, dass es Dinge gibt, auf die wir keinen Einfluss haben. Daher ist Akzeptanz (leider) die einzige Möglichkeit, mit ihnen umzugehen.

**2. Stoische Betrachtungen:**

Hieran anknüpfend unternehmen wir einen kurzen Exkurs in die antike Philosophie der Stoa. Bevor Sie nun denken, dieser Exkurs sei überflüssig angesichts eines realen, akuten Problems wie des Verlustes eines geliebten Menschen, lassen Sie uns den Kern der stoischen Philosophie betrachten. Dieser liegt in der Unterscheidung zwischen den Dingen, die wir beeinflussen können, und denen, die wir nicht beeinflussen können. Die wichtigste Aussage im „Handbüchlein der Moral" (Epiktet, 2014) von Epiktet, einem der führenden Stoiker, ist: Wir sollten uns nur über die Dinge Gedanken machen / den Kopf zerbrechen, die wir beeinflussen können. Wir haben keinen Einfluss auf den Tod, es ist daher nicht zielführend, wieder und wieder in eine Gedankenspirale einzusteigen. Verstehen Sie mich und Epiktet nicht falsch: Wir sollten keineswegs unsere Trauer unterdrücken oder unsere Gefühle abtun. Doch zeitgleich sollten wir akzeptieren, dass wir die Gegebenheiten nicht verändern können. Wir müssen also lernen, mit der neuen Realität zu leben, und zeitgleich dürfen wir unsere Gefühle so ausleben, wie wir sie empfinden.

**3. Denken Sie immer daran:**

Sie sind mit Ihrer Trauer nicht alleine. Auch für andere Menschen in Ihrem Umfeld hat sich der Alltag verändert. Tauschen Sie sich aus, sprechen Sie miteinander. Wie hat sich das Leben der Menschen in Ihrem Umfeld durch den Verlust verändert und wie gehen diese damit um? Lernen Sie von und mit anderen gemeinsam und unterstützen Sie sich gegenseitig dabei, den Verlust zu akzeptieren und mit der neuen Realität umzugehen.

### Das Erkennen von Stärken und Ressourcen

Durch ein intensives Erlebnis, wie etwa die Trauer, werden wir regelrecht dazu gezwungen, uns mit uns selbst auseinanderzusetzen. Aus dieser Auseinandersetzung erwächst Selbsterkenntnis, das heißt, wir erkennen unsere Emotionen, Gefühle und Schwächen, aber eben auch unsere Stärken. Unter Umständen stellen Sie fest, dass Sie deutlich „stärker" und emotional stabiler sind, als Sie dachten. Eine Bekannte von mir erzählte, dass sie nach dem Tod ihrer Mutter – sie vermutete zunächst, dies würde sie emotional überlasten – zunächst vollkommen ruhig und sachlich an die formellen Aufgaben und die Organisation der Trauerfeier herangegangen sei. Erst nachdem alles Notwendige in die Wege geleitet war, begann sie, sich emotional mit dem Tod auseinanderzusetzen: *„Ich hätte nie gedacht, dass ich in dieser Situation so viel Kraft habe."*

Die explizite Erkenntnis unserer persönlichen Stärken und Ressourcen kann Ihnen in Ihrem Alltag in vielerlei Situationen helfen. Sie merken, dass Sie belastbarer sind, als Sie denken, oder dass Sie sich und Ihren Körper so gut kennen, dass Sie Ihre emotionale Belastbarkeit richtig einschätzen können (Was kann ich leisten und was nicht, wann ist es genug?). Sie sind stark – stärker, als Sie denken! Machen Sie sich daher unter keinen Umständen kleiner, als Sie es sind. Auf der anderen Seite sollten Sie sich aber auch nicht zwingen, stark zu sein. In der Trauer lernen Sie beide Seiten der Medaille kennen – Ihre Stärke und Ihre Belastungsgrenze. Beide Erkenntnisse können überaus wertvoll für den Alltag sein. Nehmen Sie die Erkenntnisse daher für zukünftige Aufgaben mit und teilen Sie Ihre Ressourcen entsprechend ein.

## Entwicklung einer neuen Identität nach dem Verlust

Unsere Identität ist etwas überaus Persönliches, sie steht aber dennoch in einer Beziehung zu anderen. Wir identifizieren uns zum Beispiel über unseren Beruf, unsere politische oder religiöse Anschauung oder unsere sexuelle Orientierung. Auch gewisse Eigenschaften definieren uns als Person: *„Ich bin ein familienorientierter Mensch"* ist eine Selbstbeschreibung, die auf eine Identität abzielt, nämlich eine Identität innerhalb familiärer Strukturen. Somit kann der Verlust eines uns nahestehenden Menschen uns in unserer Identität durchaus beeinflussen – man spricht infolge emotionaler Extremsituationen auch von *Identitätskrisen*. Unter Umständen ist es also notwendig, die eigene Identität im Zuge der Trauerbewältigung neu zu definieren.

## Info: Das Konzept der „Identität“

Die Idee einer personalen Identität ist ideengeschichtlich bis in die Antike zurückzuverfolgen. Sie wird häufig als die Summe der Eigenschaften beschrieben, die eine Person ausmachen und somit von anderen Personen abhebt. Beim antiken griechischen Philosophen Heraklit wird sinngemäß die Identität durch die Gesamtheit des Körpers und des Geistes einer Person gebildet.

In moderneren, häufig psychologischen Deutungen wird die Identität eines Menschen zunehmend als Konstrukt betrachtet, das sich verändern lässt. Sie setzt sich aus den beiden Aspekten *Selbsterkenntnis* (Wer bin ich? Was kann ich? usw.) und *Selbstgestaltung* (Wer möchte ich sein? Wie möchte ich wahrgenommen werden?) zusammen. Im Laufe unseres Lebens können wir dabei mehrere Identitäten annehmen und ablegen. Wollen wir in Jugendjahren noch als Rebell wahrgenommen werden, definieren wir unsere Identität einige Jahre später über unsere Rolle als fürsorglicher Familienmensch oder als harter, zielstrebiger Arbeiter.

Auch Soziologen befassen sich immer wieder mit dem Identitätsbegriff. George Herbert Mead, ein US-amerikanischer Philosoph, Soziologe und Psychologe, sieht Identität wiederum als soziales Konstrukt an. Anders als Heraklit geht er nicht davon aus, dass der Mensch von Natur aus mit ihr ausgestattet sei, sondern dass sich eine eigene Identität erst durch Interaktion mit anderen herausbilde.

Schließlich lässt sich dieses soziale Verständnis der Identität vom Individuum auf Gruppen übertragen. Sei es die sogenannte Arbeiterklasse, eine Nationalität, eine Religion oder eine sexuelle Orientierung – die Identität kann durchaus kollektiv sein („Wir, die Arbeiter, sind anders als die Kapitalisten“ / „Wir, die Bayern, sind anders als die Rheinländer“ etc.). Dabei dient die eigene Identität oder die Identifizierung mit einer Gruppe auch stets der Abgrenzung von anderen.

Wie aber entwickelt man eine „neue Identität“? Um dies zu beantworten, muss man sich zunächst mit seiner aktuellen Identität auseinandersetzen, um anschließend zu der Möglichkeit von Veränderung zu gelangen.

## Die Auseinandersetzung mit der eigenen Identität

Viele von uns sind sich nicht (immer) darüber im Klaren, wer wir eigentlich sind oder wer wir sein wollen. Worüber definieren wir uns und was machen wir, wenn wir mit unserem eigenen Selbstbild an unsere Grenzen stoßen? Stellen Sie sich zum Beispiel vor, Sie definieren sich als sportlichen, aktiven Menschen, doch seit ein paar Tagen haben Sie nur noch das Bedürfnis, auf der Couch zu sitzen, schließlich ist es draußen windig, regnerisch und kalt. Dieser Gedanke ist keinesfalls verwerflich, sondern absolut nachvollziehbar, und dennoch stört er Sie in Ihrem Selbstbild, da Sie ja im Grunde aktiv sein und Sport treiben, zumindest aber vor die Tür gehen sollten.

Doch vielleicht definieren wir unsere Identität auch über die falschen Dinge. Wir kennen schließlich, bis zu einem gewissen Zeitpunkt, nicht einmal alle Aspekte und Facetten unserer eigenen Persönlichkeit. Wenn wir bei dem Beispiel Trauer bleiben, stellen wir schnell fest, dass Menschen unterschiedlich früh oder spät im Leben erste Trauer- und Verlusterfahrungen machen. Manche verlieren vielleicht früh ihre Großeltern oder sogar ein Elternteil, andere werden erst mit Anfang oder Mitte 20 erstmals mit einem Trauerfall konfrontiert. Bis zu diesem Zeitpunkt können wir also nicht wissen, wie wir in solchen Situationen reagieren. Bleiben wir relativ gefasst oder beeinträchtigt uns ein solches Erlebnis stark? Sind wir eher rational und können für uns erfassen, dass der Tod zum Leben dazugehört, oder überwiegt das Gefühl, grausam und ungerecht behandelt worden zu sein oder sich verlassen zu fühlen?

Wir können also unsere Identität erst ab einem gewissen Alter und erst mit gewissen Erfahrungen ernsthaft eingrenzen. Hinzu kommt, dass wir zumeist die ersten 18 Jahre unseres Lebens, häufig sogar länger, in einer engen, abhängigen Beziehung zu unseren Eltern stehen. Die eigene Persönlichkeit entwickelt sich oftmals aber auch dadurch weiter, dass wir uns – meist im Laufe der Pubertät – zumindest emotional von unseren Eltern lösen und beginnen, eigene Wege zu beschreiten. Die Identität wird weniger stark auf andere Menschen bezogen und noch stärker auf uns selbst. Meist fehlt uns die Zeit zur Reflexion, welche Veränderungen uns aktuell prägen und welche Auswirkungen dies auf unsere Persönlichkeit hat. Daher der Ratschlag: Befassen Sie sich intensiv mit Ihrer eigenen Identität.

## Übung: Die eigene Identität entdecken

Unsere Identität setzt sich aus verschiedenen Aspekten zusammen. Daher sollten Sie so viele entscheidende Aspekte Ihres Lebens wie möglich bedenken, wenn Sie sich Gedanken über Ihre Identität machen. Der Einfachheit halber können Sie zunächst mit fünf Kategorien starten und diese dann im Laufe Ihres Reflexionsprozesses weiter ausdifferenzieren.

**1. Der Körper:**

Wir haben bereits gelernt, dass körperliches und seelisches Wohlbefinden eng zusammenhängen. Daher sollten Sie sich zunächst mit Ihrem Körper befassen. In ihm müssen Sie leben und Sie sollten sich daher in ihm wohlfühlen. Fragen Sie sich daher: „Bin ich mit meinem äußeren Erscheinungsbild zufrieden?“ Sind Sie körperlich gesund oder gibt es etwas, das Sie belastet? Aus körperlichen Symptomen lassen sich oftmals Rückschlüsse auf die seelische Gesundheit ziehen. Beobachten Sie also Ihren Körper genau und überlegen Sie, inwiefern er Teil Ihrer Identität ist. Definieren Sie sich zum Beispiel über Ihren schlanken, sportlich-trainierten („Sportler“) oder sogar bewusst untrainierten („Genießer“) Körper?

**2. Soziale Beziehungen:**

Betrachten Sie im nächsten Schritt Ihre sozialen Beziehungen. Welche Netzwerke haben Sie? Mit welchen Menschen pflegen Sie Kontakt und handelt es sich dabei um stabile, ausgewogene Beziehungen oder gibt es unter Umständen solche, die Sie belasten? Betrachten Sie dabei vor allem familiäre, freundschaftliche und berufliche Beziehungen. Nehmen Sie dabei genau unter die Lupe, welche Beziehung Ihnen eher Energie gibt und welche Ihnen eher Energie raubt. Hinterfragen Sie auch, inwiefern Sie sich durch Ihre sozialen Beziehungen definieren: Pflegen Sie viele Kontakte und sind immer unterwegs oder leben Sie eher zurückgezogen und umgeben sich mit einem engen Freundeskreis?

**3. Die Arbeit:**

In den vergangenen Jahren ist ein starker Trend zu beobachten, dass Menschen sich nicht mehr über ihre Arbeit definieren, sondern über andere Dinge. Dennoch ist die Arbeit nach wie vor ein Teil unserer Identität, verbringen wir doch die meiste Zeit der Woche mit ihr. Überlegen Sie daher, ob Sie glücklich sind mit dem, was Sie machen. Sind Sie zufrieden mit Ihren Arbeitszeiten, Ihrem Arbeitspensum und fühlen Sie sich durch Ihre Tätigkeiten erfüllt? Oder ist es „einfach nur ein Job“, den man ausübt, um seine Miete und seine Einkäufe zu bezahlen? Nutzen Sie Ihre Potenziale oder haben Sie Fähigkeiten, die in Ihrem Job kaum zur Geltung kommen? Stellen Sie sich all diese Fragen und beantworten Sie diese ehrlich für sich selbst. Schließlich müssen wir circa 45

Jahre unseres Lebens arbeiten und sollten daher versuchen, diese Zeit so sinnstiftend wie möglich zu gestalten. Sprechen Sie bei Bedarf mit Ihrem Vorgesetzten, vielleicht lässt sich etwas zum Positiven ändern. Überlegen Sie auch, ob Ihr Beruf zu Ihrem Selbstbild passt. Wenn Sie beispielsweise hohe soziale oder ökologische Ansprüche an sich und an die Gesellschaft formulieren, seien Sie so ehrlich und fragen Sie sich, ob Ihr Beruf diese Anforderungen erfüllen kann, etwa wenn Sie in der Finanzbranche oder Automobilindustrie arbeiten.

**4. Materielle Bedürfnisse:**
Erinnern Sie sich noch an die Bedürfnispyramide nach Maslow? Hiernach hat jeder Mensch auch materielle Bedürfnisse: Kleidung, eine Wohnung, vielleicht ein Auto oder, je nach Persönlichkeit, auch Luxusgegenstände. Wie steht es um Ihre materielle Situation? Haben Sie Existenzängste oder sind Sie finanziell gut aufgestellt? Sind materielle Werte Teil Ihrer Identität – definieren Sie sich also beispielsweise über ein teures Auto, Markenkleidung oder Ähnliches? Oder sind eher immaterielle Werte (z. B. Freundschaft, Beständigkeit) Teil Ihrer Identität?

**5. Unsere Werte:**
Damit kommen wir bereits zum letzten der fünf Grundpfeiler unserer Identität, nämlich unseren Werten. Diese sind von allen fünf Aspekten sicherlich am schwersten zu definieren, dennoch sollten Sie es versuchen. Was ist Ihnen wichtig? Welche festen Überzeugungen haben Sie, von denen Sie nicht abrücken? Wofür treten Sie auch öffentlich oder anderen gegenüber ein? Gibt es auf der anderen Seite Werte, die Sie versuchen, zu leben, aber im Alltag immer wieder merken, wie schwierig es doch ist, diese zu leben? Aus Ihren Werten folgt immer auch eine Haltung. Wenn Ihnen Ehrlichkeit wichtig ist, werden Sie selbst ehrlich sein, dies aber zum Beispiel auch von Ihrem Partner einfordern. Überlegen Sie, inwieweit Ihre Werte Ihr Handeln im Alltag bestimmen und welche davon Sie als unabdingbaren Teil Ihrer Identität beschreiben würden.

Wenn Sie also Ihre Identität näher kennengelernt haben, können Sie auch eine Aussage darüber treffen, in welcher Weise der Verlust oder der Trauerfall Ihre Identität geprägt oder verändert hat. Sind Sie nach dem Trauern derselbe Mensch wie zuvor oder haben Sie eine Erkenntnis gewonnen, die etwas an Ihrer inneren Einstellung und Haltung zur Welt verändert hat? Diese Frage können letzten Endes nur Sie beantworten – allerdings ist es hochspannend, sich die Frage zu stellen und sich mit ihr auseinanderzusetzen.

## Das Wiederentdecken von Interessen und Leidenschaften

Im Rahmen der intensiven Beschäftigung mit sich selbst werden Sie vielleicht an den Punkt kommen, an dem Sie sich fragen: „Warum habe ich eigentlich aufgehört, *dieses oder jenes* zu tun? Warum verfolge ich meine Leidenschaft *xy* nicht mehr?" Die meisten Menschen haben eine Passion oder ein besonderes Interesse an gewissen Dingen. Manch einer singt vielleicht gerne oder schreibt eigene Gedichte, ein anderer schraubt mit Vorliebe an alten Autos und Motoren herum und poliert diese wieder auf, der nächste findet seine Erfüllung in langen Wanderungen durch die Natur. Es gibt unzählige Leidenschaften, die im Alltag brach liegen, weil wir „nicht dazu kommen" beziehungsweise uns einbilden, dass wir keine Zeit dafür finden. Oftmals ist es auch Bequemlichkeit, denn der Alltag nimmt uns sehr in Anspruch, sodass wir in der freien Zeit, die uns verbleibt, nicht unserer Leidenschaft frönen, sondern lieber auf der Couch sitzen und zum Beispiel Serien schauen. Daran ist an sich nichts verwerflich, doch im Prozess der Auseinandersetzung mit der eigenen Person werden Sie schnell feststellen, dass Sie Ihre Leidenschaft im Grunde genommen vermissen.

„Warum habe ich eigentlich so lange kein Gedicht mehr geschrieben?", „Warum war ich schon so lange nicht mehr in den Alpen?" Im Zuge Ihrer Selbstreflexion entdecken Sie Ihre alten Leidenschaften wieder. Im Prozess der Trauerbewältigung kann es Ihnen zudem eine große Hilfe sein, wenn Sie sich wieder vermehrt mit einer Ihrer Leidenschaften auseinandersetzen: Sie erhalten ein positives Gefühl der Freiheit und der Selbstverwirklichung und finden wieder näher zu sich, zu Ihrer eigenen Persönlichkeit.

Gehen Sie also in sich, überlegen Sie, welches Ihre versteckten Leidenschaften sind, und versuchen Sie, diese wieder regelmäßig auszuüben. Dies hilft Ihnen im Rahmen des Trauerprozesses und kann zudem langfristig neue Inspirationen für Sie schaffen, auch über die Phase der aktiven Trauerbewältigung hinaus.

## Neue Rollen und Beziehungen definieren

Sie haben im Zuge des Trauerprozesses nun intensiv über sich und Ihre Identität nachgedacht und sind zudem eventuell brachliegenden Leidenschaften nachgegangen. Aus diesem neuen Verständnis für sich selbst und Ihre Bedürfnisse kann auch ein neues Verständnis für Ihre Rolle in einem gesellschaftlichen Kontext entstehen. Zudem reflektieren Sie Ihre sozialen Beziehungen: „Wer war in der schwierigen Situation bei mir? Wer hat mir geholfen? Auf wen kann ich mich verlassen?"

Sie werden feststellen, dass Sie Ihre sozialen Rollen und Ihre Beziehungen aufs Neue definieren, wenn Sie den Reflexionsprozess einmal abgeschlossen haben. Manch ein Bekannter wird Ihnen unter Umständen nun näher stehen als zuvor, wohingegen Sie zu anderen Menschen in Ihrem Umfeld eine größere Distanz gewonnen haben („Er hat sich nie gemeldet, nie gefragt, wie es mir geht“). Dies ist völlig normal und kein Grund zur Sorge. Soziale Beziehungen ändern sich, das ist natürlich und gut. Vertrauen Sie auf Ihre Erfahrungen und halten Sie sich an die Menschen, die Ihnen in der schwierigen Phase der Trauer beigestanden haben.

## Finden von Sinn und Bedeutung im Leben trotz des Schmerzes

*„Das ist alles sinnlos“, „Das Leben macht keinen Sinn ohne …* (den geliebten Menschen)“ – solche Sätze hört man von Trauernden oft. Nach einem emotional derart belastenden, einschneidenden Erlebnis wie dem eines Todesfalls stellen die Menschen sich häufig die *Sinnfrage*. Dabei geht es um unsere Beziehung zur Welt, die durch den Verlust plötzlich eine andere zu sein scheint. Die Erfahrung des Todes ist oftmals derart überwältigend, dass wir in den alltäglichen Abläufen keinen Sinn mehr sehen – wir werden mit der Endlichkeit und Vergänglichkeit auch unseres eigenen Lebens und Wirkens konfrontiert. Was bei manchen Menschen zu einer erhöhten Gelassenheit führt (*„Ich muss mich und meine Probleme nicht so wichtig nehmen, denn alles ist ohnehin vergänglich“*), führt bei anderen zu existenziellen Zweifeln: *„Wozu mache ich das alles überhaupt noch?“* Daher ist es wichtig, trotz der Verlusterfahrung einen tieferen Sinn im Leben auszumachen und für sich zu entdecken, wofür es sich lohnt, weiterzumachen.

### Die Suche nach dem übergeordneten Zweck oder einer Mission

Wenn Sie sich in einer solchen Sinnkrise befinden, werden Sie schnell feststellen, dass die Suche nach dem Sinn sich nicht in einer alltäglichen Tätigkeit erschöpft. Morgens aufzustehen und zur Arbeit zu gehen, ist zwar eine sinnvolle Tätigkeit, ebenso wie das Einkaufen von Lebensmitteln oder das Wäschewaschen, doch das ist es nicht, was mit einem tieferen Sinn, einem übergeordneten Zweck gemeint ist. Hierbei geht es um etwas Tiefgreifendes, Existenzielles. Sie suchen nicht die Sinnhaftigkeit in einzelnen Tätigkeiten, sondern den großen, übergeordneten Sinn.

Tausende von Philosophen und Theologen sowie Millionen von nachdenklichen Menschen haben sich im Laufe der Zeit die Frage nach dem Sinn des Lebens gestellt. Beantworten konnte sie vermutlich niemand. Somit werden wir auch in diesem Buch keine befriedigende Antwort auf die Frage erhalten, doch wir können festhalten, dass jeder Mensch zumindest seinen *persönlichen* Lebenssinn definieren kann. Dieser ist nicht allgemeingültig und nicht auf andere übertragbar, doch er erfüllt unser Leben und verleiht ihm eine besondere Bedeutung. Viele sprechen auch von einer „Mission“ oder einem „Projekt“, das ein höheres Ziel definiert, zum Beispiel der Bau eines Hauses, die Gründung einer Familie oder eines eigenen Unternehmens etc. Für andere wiederum lautet die Motivation „aufklären“ oder „informieren“. Ich hatte noch während meines Studiums die Gelegenheit, mit einer Holocaust-Überlebenden zu sprechen. Als ich sie fragte, was sie antreibe, sagte sie lediglich: „Ansonsten vergessen die Leute, was passiert ist. Wir sind die letzten Menschen, die junge Leute noch ernsthaft aufklären können."

Auch Sie sollten daher versuchen, einen übergeordneten Zweck in Ihrem Leben zu finden. Welche Mission haben Sie? Was treibt Sie an? Was motiviert Sie, weiterzumachen, auch wenn der Verlust eines geliebten Menschen Sie aktuell noch lähmt? Wenn Sie intensiv darüber nachdenken, wird Ihnen mit Sicherheit etwas einfallen. Haben Sie zum Beispiel eigene Kinder? Dann ist die Mission klar: Kümmern Sie sich um sie und ziehen Sie sie in einem liebevollen Umfeld groß. Haben Sie keine Familie, sind aber dafür auf eine steile berufliche Karriere aus? Dann investieren Sie Ihre Energie in den beruflichen Aufstieg oder gründen Sie unter Umständen sogar eine eigene Firma. Es gibt zahlreiche Gründe fürs Weitermachen – was auch immer Sie antreibt. Nehmen Sie Ihren Antrieb als Motivation. Auch wenn der Verlust schmerzt, ist dies noch kein Grund dafür, sich und Ihre Ziele aufzugeben!

**Übung: Wofür lohnt es sich, weiterzumachen?**

Nehmen Sie sich einen Zettel und schreiben Sie auf, wofür es sich Ihrer Meinung nach lohnt, weiterzumachen. Welche Dinge in Ihrem Leben gefallen Ihnen oder verleihen Ihnen Hoffnung? Welche Ziele haben Sie in Ihrem Leben, die Sie noch nicht erreicht haben, und wie können Sie diese in Zukunft erreichen?

Durch ein solches Brainstorming fallen Ihnen Aspekte Ihres Lebens ein, die Sie sonst vielleicht nicht berücksichtigt hätten. Nehmen Sie sich die Zeit, alles fein säuberlich aufzuschreiben, und denken Sie an jedes kleine Detail. Es gibt in jedem Leben etwas Lebenswertes und auch in schwierigen Situationen fast immer einen Grund, weiterzumachen!

Wenn Sie erst einmal zwei oder drei Punkte auf Ihrer Liste gesammelt haben, wird es Ihnen viel leichter fallen, Ihr Leben wieder positiver zu betrachten und Ihre Ziele anzugehen, anstatt zu verzweifeln und in der Frage nach dem Sinn zu versinken.

## Spirituelle oder philosophische Betrachtungen

Ein Perspektivwechsel kann überaus gewinnbringend für Sie und Ihren Umgang mit der Trauer sein. Eine gewisse Abstraktion Ihres konkreten Falls ist dabei eine Möglichkeit, die eigenen Gefühle besser einordnen zu können. Oder anders gesagt: Lesen Sie, was andere Menschen über den Tod, die Trauer oder den Verlust gedacht und geschrieben haben. Derartige Themen sind auch in der Philosophie, den Religionen sowie der spirituellen Sphäre oftmals Gegenstand von Diskussionen. Lassen Sie uns also an dieser Stelle ein wenig allgemeiner und abstrakter als bisher über den Themenkomplex „Trauerbewältigung und Umgang mit dem Tod" nachdenken.

### Die Philosophie und der Tod

Eine derart drängende Frage wie die nach dem Tod wurde selbstredend auch von großen Philosophen über die Jahrhunderte hinweg diskutiert. Beispielhaft sollen hier nur einige genannt werden:

**Platon** (* 428 oder 427 v. Chr. in Athen, † 348 oder 327 v. Chr. in Athen):
Platon vertrat die in der Antike gängige Vorstellung, dass der Mensch sich in einen Leib und eine Seele aufteilen ließe. Der Leib sei endlich (sterblich), die Seele hingegen nicht. Er unterscheidet ferner zwischen einer Sinneswelt und einer Ideenwelt – der Leib gehört zur Sinneswelt, die Seele zur Ideenwelt. Als Idee, als Gedanke, lebt die Seele daher immer weiter. In der Moderne finden wir zwar selten noch die strikte Unterteilung in Leib und Seele, doch die Vorstellung, dass ein Mensch als Idee weiterleben kann, ist auch in unserer heutigen Vorstellung noch präsent. Der Körper des Menschen ist zweifelsohne sterblich, aber indem wir uns an ihn erinnern, wird er niemals ganz verschwinden.

**Immanuel Kant** (* 1724 in Königsberg, † 1804 ebenda):
Nach Kant strebt der Mensch nach einem sogenannten „höchsten Gut". Dieses ist als eine Art vollkommenes Glück zu betrachten, als Moment, in welchem man – wie einst Faust – sagen könnte: „Verweile Augenblick, Du bist so schön." Kant war sich dessen bewusst, dass dieses höchste Gut durch moralisches Handeln und sittsames Leben allein nicht erreicht werden kann. Daher vermutete er das höchste Gut jenseits unserer Welt, es müsse folglich in der Unsterblichkeit der Seele begründet liegen. Kant entwickelte also eine Vorstellung von einem Leben nach dem Tod, in welchem wir die Glückseligkeit erreichen können, die uns auf Erden verwehrt geblieben ist.

**Arthur Schopenhauer** (* 1788 in Danzig, Polen; † 1860 in Frankfurt am Main):

Für Schopenhauer ist der Mensch Teil der Natur und als solcher nichts Besonderes. Die Unsterblichkeit liegt daher in der Natur, die uns umgibt – wir selbst als Individuen spielen dabei keine besonders große Rolle für den Lauf der Dinge oder die physische Umwelt um uns herum. Als großer Pessimist der Philosophie bekannt, äußert Schopenhauer hier, wenn auch indirekt, einen überaus optimistischen Gedanken. *Das Leben geht weiter* – wir können unser Leben trotz eines Todesfalls nicht einfach anhalten, sondern gewisse Dinge bleiben erhalten, bleiben gleich. Wenn wir uns diese Dinge vor Augen führen, können wir besser mit dem Tod umgehen.

**Karl Jaspers** (* 1883 in Oldenburg, † 1969 in Basel, Schweiz):
„Wir sind unsterblich, wo wir lieben", schrieb der Philosoph Karl Jaspers und prägt damit auch den Tenor dieses Buches. Wenn wir einen geliebten Menschen in guter Erinnerung behalten, wenn wir ihn immer lieben, egal, ob wir ihn noch sehen, anfassen oder mit ihm sprechen können, dann bedeutet der Tod keinen vollständigen Verlust dieser geliebten Person. Es liegt also auch an uns und unserer Liebe, ob ein verstorbener Mensch in unserem Herzen weiterlebt oder nicht.

## Die Theodizee-Frage

Die Theodizee ist eine klassische Frage aus der christlichen Religion, doch sie lässt sich genauso gut auf die beiden anderen großen *monotheistischen* (das heißt, es gibt nur einen Gott) Religionen Islam und Judentum anwenden. Auf den Punkt zusammengefasst lautet die Frage: *Wie kann ein allmächtiger und gütiger Gott eine derartige Vielzahl von Übeln in der Welt zulassen?* Darunter können Naturkatastrophen, Hungersnöte, Kriege, aber auch individuelle Verluste subsumiert werden. Und vielleicht fragen auch Sie sich nach dem Verlust eines geliebten Menschen: „Warum hat Gott ihn/sie mir genommen?"

Der erste große Philosoph, der sich der Theodizee annahm, war Gottfried Wilhelm Leibniz. Er argumentierte, dass die Welt, in der wir leben, trotz allen Übels, die beste aller denkbaren Welten sei. Oder, um seine Argumentation auf einen schlichten und ergreifenden Punkt zu bringen: *Schlimmer geht es immer.* Doch diese Argumentation ist umstritten, so ereignete sich im Jahr 1755 ein verehrendes Erdbeben in Lissabon, durch das ein Großbrand ausgelöst wurde, der die Stadt fast vollständig zerstörte. Lissabon war zu dieser Zeit die Stadt mit den meisten Kirchen – viel mehr als in den sündigeren Metropolen Paris oder London. Warum also, schrieb der französische Philosoph Voltaire direkt an Leibniz gerichtet, sollte die beste aller Welten ausgerechnet solche Ungerechtigkeiten hervorbringen?

**Biografie:**

**Gottfried Wilhelm Leibniz** wurde 1646 in Leipzig als Sohn des Juristen und Philosophen Friedrich Leibniz und dessen erster Ehefrau Catharina geboren. Er besuchte die noch heute gut erhaltene und restaurierte Nikolaischule in Leipzig, um anschließend an der dortigen Universität Philosophie zu studieren.

Sein Interesse erstreckte sich jedoch nicht nur auf die Philosophie, sondern er setzte sich auch intensiv mit den Fächern Mathematik, Jura und Geschichte auseinander. Durch seine universelle Bildung gelangte er schließlich auch in politische Kreise, wo er zunächst im Erzbistum Mainz und anschließend sogar am Hofe von Ludwig XVI. als Berater fungierte. Nachdem er Frankreich verlassen hatte, ging Leibniz an den Hof des Kurfürsten von Hannover – der Stadt, in der noch heute das nach ihm benannte Leibniz-Haus steht.

1716 starb er schließlich im Alter von 70 Jahren in Hannover. Leibniz gilt bei vielen Wissenschaftlern als der „letzte Universalgelehrte". Über 40.000 Schriften und Briefe sind von ihm erhalten. Unter anderem wird ihm ein wesentlicher Einfluss auf den Prozess der europäischen Aufklärung zugeschrieben, deren Ideale er in seine Rolle als politischer Berater einfließen ließ.

In der Tat ist die Theodizee-Frage bis heute ein großes Rätsel unter Theologen. Manche behaupten, das Leid sei eine Prüfung Gottes und nur, wer diese Prüfung bestehe, sei ein aufrechter Gläubiger. Das Bild des Leids und der Prüfung der Gläubigen findet sich auch im Judentum häufig wieder, im Alten Testament wird unter anderem der strenggläubige Hiob durch diverse Leiden oder auch Abraham von Gott geprüft, der sogar bereit wäre, seinen Sohn Isaac zu opfern, um seinen Glauben unter Beweis zu stellen. Müssen die Menschen also Prüfungen bestehen, um am Ende ihres Lebens ins Himmelreich einziehen zu dürfen?

Andere Theologen gehen davon aus, dass Gott den Menschen Autonomie zubilligt, und zwar in einem solchen Maß, dass er nicht eingreift, um das menschengemachte Leid zu korrigieren. Der Mensch sei also der Verursacher des Leids und nicht Gott, dessen Aufgabe es nicht sei, alles Böse vom Menschen abzuwenden. Für kriegerische Auseinandersetzungen oder für einen „billigend in Kauf genommenen" Tod durch exzessiven Drogenkonsum, halsbrecherischen Extremsport etc. mag diese Erklärung schlüssig sein. Doch was ist beispielsweise mit verhungernden Kindern in der Sahel-Zone, unbeteiligten zivilen Kriegsopfern in Syrien oder der Ukraine? Sind sie lediglich „Kollateralschäden" in einer schlechten Welt, die der Mensch selbst zu einem ungastlichen, brutalen Ort gemacht hat?

Diese Art der Fragestellung ist ein zentraler Bestandteil der christlichen Religion. Aber auch im Judentum gibt es eine Art Theodizee, die insbesondere nach dem Holocaust innerhalb der jüdischen Theologie diskutiert wurde. Auch hier stand die Frage im Mittelpunkt, wie ein gütiger Gott die millionenfache Vernichtung gläubiger Juden zulassen konnte. Im muslimischen Glauben hingegen spielt die Theodizee kaum eine Rolle – Gott, so die häufige Argumentation, müsse sich nicht rechtfertigen, sondern vielmehr der Mensch. Dieser Gedanke einer Anthropodizee (anthropos – altgriechisches Wort für Mensch) taucht zwar auch in christlichen Diskursen auf, wird im Islam aber deutlich stärker vertreten.

Über all diese Fragen lässt sich lange diskutieren, eine endgültige Antwort wird man dabei vermutlich niemals finden. Wenn Sie die Frage nach der Theodizee beschäftigt, können Sie unter anderem auf Seelsorge-Anbieter zurückgreifen oder die nächste Kirche in Ihrer Umgebung aufsuchen. Selbst wenn Sie nicht getauft sind, sind die allermeisten Geistlichen bereit, mit Ihnen zu diskutieren, zu sprechen und Ihnen Trost zu spenden. Und wenn wir schon die große Theodizee-Frage nicht lösen können, so können wir doch zumindest Ihre ganz persönliche Theodizee besprechen, indem Sie Ihre Gefühle, Ihr Hadern mit Gott, ausdrücken. Lassen Sie sich also auf die geistlichen Erklärungsansätze des Leids und der Trauer ein und erhalten Sie so unter Umständen eine völlig neue Perspektive auf das Leid und die Trauer.

## Spirituelle Sichtweisen auf den Tod

Viele moderne spirituelle Ansichten zum Thema Tod beziehen sich auf die buddhistische Vorstellung eines *Nirwanas*. Im buddhistischen Glauben wird der Mensch so lange wiedergeboren, bis er endlich erlöst wird. Die Erlösung, also das Ende von allem Leid und Schmerz, die die irdische Existenz zwangsläufig mit sich bringt, erfolgt durch die Trennung vom Leib, das endgültige Abstreifen einer menschlichen Hülle ist also keineswegs eine Bestrafung oder überhaupt etwas Schlimmes, sondern es bedeutet vielmehr, dass der Verstorbene seine Erlösung gefunden hat. Das Nirwana (ursprünglich zu übersetzen mit „das Erlöschen aller Lebenstriebe") sieht dabei anders aus als die Erde. Eine verfestigte Vorstellung davon, was Nirwana bedeutet, ist für monotheistisch geprägte Gläubige schwierig. Jedenfalls handelt es sich dabei um eine Art ewigen Frieden, um einen völligen Einklang mit dem Kosmos.

Auch gibt es spirituelle Ansichten, die in dem Tod die Vollendung eines Kreislaufs sehen. Nur wenn dieser Kreislauf intakt sei, könne auch das Leben auf der Erde funktionieren. Ankunft und Abreise seien zwei notwendige Teile des *Circle of Life* – also des Kreislaufs des Lebens. Nur wo der Tod sei, könne auch neues Leben entstehen. Daher gebe es auch keinen Grund, um einen Verstorbenen zu trauern, schließlich werde so auch eine Erneuerung, ein Neuanfang ermöglicht. Der Verstorbene hat „Platz gemacht" für die nachfolgenden Menschen.

Spiritualität ist per se ein ernstzunehmendes Phänomen und viele spirituelle Betrachtungsweisen gehen weit über „Hokuspokus" hinaus. Ob Ihnen spirituelle Vorstellungen von Leben und Tod im Prozess Ihrer Trauerbewältigung tatsächlich helfen und ob Sie sich darauf einlassen können, bleibt Ihnen überlassen. Sie müssen sich nicht spiritueller Betrachtungsweisen bedienen, wenn Sie diese für nicht stichhaltig halten. Ein grundsätzliches Nachdenken über das Gleichgewicht der Natur, die Natürlichkeit des Todes und ein eventuelles Leben danach kann dennoch nicht schaden. Hierfür können Sie sich aber genauso gut mit den erwähnten Philosophen auseinandersetzen oder Antworten in einer Religion suchen. Es bleibt Ihnen überlassen, woraus Sie positive Gedanken, Emotionen und Kraft ziehen können.

## Das Geben und Empfangen von Unterstützung als Quelle der Bedeutung

Sich gegenseitig zu unterstützen, ist der vielleicht wichtigste Teil in der Trauerarbeit. Dabei sollten Sie in der Lage sein, Unterstützung sowohl zu empfangen als auch zu geben. Sie werden sehen, dass dem Austauschen von Erfahrungen und dem Sprechen über Emotionen eine große Bedeutung innewohnt. Unter Umständen wächst sogar die Bedeutung der Gesprächspartner, nicht nur im Kontext der Trauerarbeit, sondern auch für Ihr ganzes Leben. Sie merken plötzlich, wie Ihnen bestimmte soziale Beziehungen wichtiger werden, als sie es noch vor einiger Zeit waren, wie Sie plötzlich mehr Wert darauf legen, diese zu pflegen.

Die Bedeutung von guten Freunden, Bekannten oder auch Arbeitskollegen, die einem in einer schwierigen Situation beistehen, wird erst durch das gemeinsame Durchleben dieser Situation erkannt. Die große Sinnfrage lässt sich somit für Sie plötzlich beantworten: *Ergibt das Leben noch einen Sinn? Lohnt es sich, nach einem Trauerfall noch weiterzumachen?* – Ja, solange man Menschen um sich herum hat, die einen unterstützen und einem beistehen, egal, in welcher Situation man sich gerade befindet.

Auch umgekehrt kann diese Sicht auf die Dinge funktionieren: Ja, das Leben hat noch einen Sinn, Sie sollen und müssen vielleicht sogar weitermachen, weil es in Ihrem unmittelbaren Umfeld Leute gibt, die Ihre Unterstützung benötigen. Auch Unterstützung zu geben, kann also sinnstiftend sein und eine Bedeutung in Ihrem Leben erlangen. Wenn Sie vorher zu einem Verwandten kein besonders inniges Verhältnis pflegten, kann sich das durch den Trauerfall ändern. Sie haben das Gefühl, dass er mit seinen negativen Emotionen alleine nicht fertig wird, und unterstützen ihn deshalb. Dadurch wird sich ihre Beziehung zueinander verbessern und intensiver werden.

Sowohl das Geben als auch das Empfangen von Unterstützung in einer schwierigen Phase kann also sinnvoll sein und eine tiefe Bedeutung entfalten. Versuchen Sie daher, mit anderen Trauernden in Kontakt zu treten und sich über Ihre Gefühle und Erfahrungen auszutauschen.

# Schritt 7: Den Abschied gestalten

***„Was man tief in seinem Herzen besitzt, kann man nicht durch den Tod verlieren."***

(Johann Wolfgang von Goethe)

Nun ist es an der Zeit, den Abschied konkret werden zu lassen. Als Hinterbliebener erwarten Sie noch einige Entscheidungen, die Sie zu treffen haben, zudem einige formale Aspekte. Leider bringt ein Trauerfall auch immer ein gewisses Maß an organisatorischem Aufwand mit sich. So emotional die Trauerarbeit auf der einen Seite ist, so sachlich und nüchtern sind bisweilen die Formalitäten. Wenn Ihnen die Erledigung der Bürokratie schwerfällt, da Sie sich natürlich in einem emotional angespannten Zustand befinden, sollten Sie sich Unterstützung in ihrem Umfeld suchen. Unterstützen Sie sich als Hinterbliebene gegenseitig bei der Erledigung der Aufgaben oder wenden Sie sich an Freunde und Bekannte, die nicht unmittelbar emotional in den Trauerfall involviert sind. Auch sie können eine große Hilfe während des Organisationsprozesses sein.

## Entscheidungen im Zusammenhang mit dem Verstorbenen treffen

Hinterbliebene haben meist die Aufgabe, die Entscheidungen, die ein Todesfall mit sich bringt, zu treffen. Von der Regelung des Nachlasses über den Umgang mit den persönlichen Gegenständen des Verstorbenen bis hin zur Organisation der Bestattung und der Trauerfeier kommt noch ein gewisses Pensum an Arbeit auf die Hinterbliebenen zu. Dennoch sollten Sie diese Entscheidungen nicht als Last empfinden – versuchen Sie, bestmöglich im Sinne des Verstorbenen zu handeln, somit erweisen Sie ihm auch eine Art letzte Ehre.

### Bestattungs- und Beisetzungsoptionen

Eine wesentliche Entscheidung, die Sie als Hinterbliebener zu treffen haben, ist die Regelung der Bestattung. Hierbei gibt es zunächst zwei grundsätzlich unterschiedliche Optionen: die Erdbestattung, das heißt die klassische Beerdigung, oder die Feuerbestattung, bei der der Leichnam verbrannt und eingeäschert wird. Im Christentum sind beide Optionen denkbar, im Islam und im Judentum ist die Feuerbestattung allerdings verboten! Nur die Erdbestattung ermöglicht dem Toten, im Verständnis dieser beiden Religionen, in das Reich Gottes aufzusteigen. Betrachten wir dennoch an dieser Stelle beide Möglichkeiten:

## Erdbestattung

Die Erdbestattung ist gemeinhin als Beerdigung bekannt und ist im Christentum die ursprünglichste Form der Beisetzung, auch wenn die Feuerbestattung immer beliebter wird. Im Judentum und Islam ist sie, wie bereits erwähnt, die einzig zulässige Form der Bestattung. Der Leichnam wird gewaschen und eingekleidet und anschließend in einem Sarg in ein Grab gelegt. Das Grab wird anschließend mit Erde gefüllt, der Leichnam liegt also „unter der Erde" und wird im Laufe der Jahre auch vollständig von der Erde aufgenommen.

Eine solche Form der Bestattung ist nach deutschem Recht ausschließlich auf einem Friedhof möglich. Eine Erdbestattung in der Natur, das heißt, im Wald oder auf dem eigenen Gartengrundstück, ist absolut untersagt, auch wenn es bisweilen kuriose Fälle gibt, in denen Hinterbliebene dies versuchen. Friedhöfe werden von der Stadt bzw. Kommune betrieben. Sie können sich auch direkt an die jeweilige Verwaltung wenden, im besten Falle aber wenden Sie sich an ein Bestattungsinstitut, das heißt, an ein professionelles Unternehmen (oft auch: *Pietät*), das diese formalen Schritte für Sie erledigt. Grundsätzlich wird dabei zunächst die Kommune angefragt, in der die verstorbene Person gelebt hat. Sollte der Verstorbene jedoch aus einer anderen Stadt kommen, könnte es Ihr Wunsch oder sogar der explizite (zu Lebzeiten geäußerte) Wunsch des Verstorbenen sein, in dieser Gegend begraben zu werden. In diesem Fall sollten Sie sich an eine Pietät wenden, die in der Nähe des entsprechenden Ortes ansässig ist. Telefonieren Sie im besten Fall vorher einmal kurz mit dem Bestattungsunternehmen, dieses wird Ihnen nähere Informationen geben können, zudem wird es Ihnen mitteilen, welche Dokumente es benötigt. Meistens werden ein amtliches Ausweisdokument sowie die Sterbeurkunde des Verstorbenen zwingend benötigt.

Sie müssen bei einer Erdbestattung in der Regel mit leicht höheren Kosten rechnen als zum Beispiel bei der Feuerbestattung. Bezahlen müssen Sie die Pietät, die neben meist überschaubaren Bearbeitungs- und Verwaltungskosten vor allen Dingen den Sarg in Rechnung stellt. Nach oben hin sind dem Budget kaum Grenzen gesetzt, im Normalfall belaufen sich die Kosten für einen Sarg aber zwischen 550 und 2.500 Euro. Hinzu kommt ein Grabstein, der bei der letzten Ruhestätte auf dem Friedhof aufgestellt wird. Dieser ist der Hauptkostenpunkt bei der Erdbestattung – unter 2.000 Euro werden Sie nur schwer einen Grabstein erhalten. Auch hier können Sie, je nach Budget, zwischen Größe, Art des Steins und Gravuren wählen. Kontaktieren Sie hierfür einen Friedhofsgärtner oder Steinmetz – wo ein Friedhof ist, gibt es im Normalfall auch ein ansässiges Gewerbe. Auch die Bestattungsinstitute können Ihnen bei der Kontaktaufnahme behilflich sein.

## Feuerbestattung

Bei der Feuerbestattung wird er Leichnam verbrannt und die übrig gebliebene Asche wird in einer Urne aufbewahrt. Bestattungsunternehmen bieten auch Feuerbestattungen an, informieren Sie sich am besten bei dem jeweiligen Institut, vorausgesetzt, der Verstorbene hat zu Lebzeiten nicht klar und deutlich geäußert, ob er sich eine Erd- oder eine Feuerbestattung wünscht.

Die Besonderheit bei der Feuerbestattung ist, dass es viele verschiedene Optionen für die Aufbewahrung oder Beisetzung der Urne gibt. Auch eine Urne kann bestattet werden, das heißt, die Urne wird mit der Asche des Verstorbenen unter der Erde beigesetzt. Dies geschieht entweder auf einem normalen Friedhof oder auch zum Beispiel auf einem Waldfriedhof. Letztere sind naturbelassener als innerstädtische Friedhöfe, es besteht also die Möglichkeit, die Urne in einem Wald, zum Beispiel unter einem Baum, beizusetzen.

Die Urne kann genauso gut in einem Kolumbarium beigesetzt werden. Als Kolumbarium bezeichnet man überirdische Ruhestätten. Es sind Gebäude, die auf (fast) jedem Friedhof zu finden sind und in denen die Urnen in speziell vorgefertigte Fächer gestellt werden. Manche lassen das Fach mit einer Platte verschließen, auf der Geburts- und Todestag des Verstorbenen zu lesen sind – quasi wie bei einem Grabstein, nur nicht auf dem Grab, sondern im Kolumbarium. Andere wiederum lassen lieber eine Glasscheibe einziehen, damit die Urne für Außenstehende sichtbar ist. Informieren Sie sich bei der Verwaltung des Friedhofs oder beim Bestattungsunternehmen über die Möglichkeit dieser Unterbringung der Urne. Achtung: Die Nutzung eines Fachs im Kolumbarium ist meist auf zwanzig Jahre begrenzt! Im Anschluss müssen Sie das Fach verlängern lassen oder den Urnenplatz räumen.

Des Weiteren wünschen sich manche Verstorbene, dass ihre Asche über dem Meer verstreut werden soll, die sogenannte Seebestattung. Früher war diese einzig und allein Seeleuten vorbehalten, heute kann in der Theorie jeder Mensch eine Seebestattung erhalten. Allerdings bieten nicht alle Bestatter diese an; informieren Sie sich deshalb im Vorfeld, ob diese Art der Bestattung angeboten wird. Wichtig ist auch hier: In Binnengewässern, also Seen und Flüssen, ist die Seebestattung verboten! Diese ist nur auf dem offenen Meer zulässig. Zudem darf es sich nicht um ein Fischereigebiet handeln und der Ort der Beisetzung muss mindestens drei Kilometer vom Festland entfernt sein. Die verhältnismäßig geringen Kosten für die Beisetzung selbst (es muss lediglich eine wasserlösliche Urne gekauft werden, es fallen keine Mietkosten oder Kosten für einen Grabstein an), werden also durch die Fahrt aufs offene Meer entsprechend steigen.

Informieren Sie sich daher genau, welche Möglichkeiten es gibt. Versuchen Sie, dem Verstorbenen, wenn möglich, seinen letzten Wunsch zu erfüllen. Hat er keinen geäußert, können Sie versuchen, bestmöglich in seinem Sinne zu handeln. Behalten Sie dabei die Möglichkeiten und die Kosten im Blick. Grundsätzlich gilt: Eine Feuerbestattung ist tendenziell etwas günstiger als eine Erdbestattung, die Urne ist meist günstiger als der Sarg, obgleich auch bei Urnen die Preisskala nach oben hin offen ist. Je nachdem, was anschließend mit der Urne geschehen soll, ergibt sich ein größerer oder kleinerer organisatorischer sowie finanzieller Aufwand.

## Die Organisation des Nachlasses und rechtliche Angelegenheiten

Häufig hinterlassen Familienangehörige ihren nahen Verwandten etwas von ihrem Besitz. Viele Menschen hinterlegen dafür ein Testament bei einem Notar oder Anwalt, auch beim örtlichen Amtsgericht kann ein Testament hinterlegt werden, das dann im Todesfall eröffnet wird. In dem Testament wird geregelt, welcher Angehörige welche Gegenstände erhält. Barvermögen oder Immobilien werden dabei automatisch an den nächsten Angehörigen vererbt, meist sind das die Kinder. Geht es um Gegenstände wie Uhren, Möbel, private Erinnerungsstücke etc., kann der Verstorbene im Testament explizit erwähnen, an wen die Gegenstände gehen sollen. Fragen Sie also beim zuständigen Amtsgericht oder, falls vorhanden, beim Notar oder Anwalt des Verstorbenen, ob ein Testament vorliegt. In den meisten Fällen sprechen Angehörige aber frühzeitig mit ihren Nachkommen über das Testament, die wenigsten Menschen machen dieses heimlich oder informieren die im Testament bedachten Angehörigen nicht persönlich darüber.

### Testamentseröffnung

Soll das Testament eröffnet werden, suchen Sie das *Nachlassgericht* auf. Nachlassgericht ist das örtliche Amtsgericht an dem Ort, an dem der Verstorbene zuletzt gelebt hat. Bringen Sie zu dem dortigen Termin die Sterbeurkunde des Verstorbenen sowie eine Liste aller im Testament bedachten Personen, inklusive deren Anschriften, mit. Prüfen Sie zudem, welche Angehörigen erbberechtigt sein könnten, auch wenn sie nicht im Testament erwähnt werden. Kinder, Geschwister, Ehepartner, aber auch Eltern oder Großeltern haben meist einen gesetzlichen Erbanspruch. Alle erbberechtigten und im Testament bedachten Personen erhalten vom Nachlassgericht eine Benachrichtigung.

Mit der Benachrichtigung und der weiteren formalen Abwicklung der Prozesse haben Sie keine Mühe mehr. Sobald Sie Ihren Termin beim Nachlassgericht wahrgenommen haben, läuft der Prozess automatisiert. Die Mitarbeiter am Nachlassgericht werden Sie zudem über alle Anträge oder Formulare informieren, die Sie auszufüllen haben. Wenn Sie selbst recherchieren möchten, bieten die meisten Amtsgerichte auf Ihrer Webseite bereits kurze Informationen sowie die Möglichkeit zum Download von Antragsformularen an.

## Erbschein

Wenn es kein Testament gibt und somit entweder Ihr Status als Erbe oder die Höhe Ihres Erbanteils unklar ist, sollten Sie einen Erbschein beantragen. Dieser gilt dann als amtliches Dokument, welches Ihre Erbberechtigung und den genauen Anteil ausweist – ganz so, als habe der Verstorbene Sie in seinem Testament erwähnt. Zur Beantragung des Erbscheins müssen Sie neben der Sterbeurkunde des Verstorbenen noch weitere Dokumente vorzeigen, die Ihr Verwandtschafts- oder Eheverhältnis zum Erblasser bestätigen. In der Praxis bedeutet das, Sie brauchen:

- Ihre Geburtsurkunde und die des Verstorbenen
- Sterbeurkunde des Verstorbenen
- Heiratsurkunde, wenn Sie der Ehepartner / die Ehepartnerin des Verstorbenen sind
- hilfreich zudem: ein Familienstammbuch, falls vorhanden

Auch den Erbschein beantragen Sie, wie die Testamentseröffnung, beim zuständigen Amtsgericht. Machen Sie einen Termin vor Ort aus oder laden Sie den entsprechenden Antrag, falls bereitgestellt, online herunter.

## Ausschlagung eines Erbes

Niemand kann Sie dazu verpflichten, ein Erbe anzunehmen. Wenn der geliebte Mensch, den Sie verloren haben, beispielsweise Schulden hatte, würden auch diese sich auf Sie als Erben übertragen. Verständlicherweise ist es aber vermutlich nicht in Ihrem Interesse, diese Schulden abbezahlen zu müssen, die Sie selbst nicht gemacht haben. Ein weiterer Fall eines Erbes, das Sie lieber ausschlagen sollten, wäre zum Beispiel ein baufälliges Haus, das Sie in naher Zukunft auf eigene Kosten abreißen lassen müssten. Kurz gesagt: Wann immer Ihnen ein Erbe mehr Ärger beschert, als es Ihnen nützlich ist, sollten Sie es ausschlagen.

Die Ausschlagung ist allerdings ein formeller Akt, es genügt nicht, untätig zu bleiben, denn wenn ein Testament vorliegt und Sie sich lange Zeit nicht zurückmelden, gilt das Erbe als angenommen. Ab dem Zeitpunkt, an dem Sie von dem Erbe erfahren, gilt eine Frist von sechs Wochen. Innerhalb dieser Zeit müssen Sie die Ausschlagung des Erbes beim Nachlassgericht (Amtsgericht) oder einem Notar erklären und beglaubigen lassen. Ein formloses Schreiben reicht hier nicht aus. Ein ausgeschlagenes Erbe wird behandelt, als hätte es nie ein Erbe gegeben. Allerdings werden dann nachberechtigte Erben entsprechend berufen. Sprechen Sie daher auch mit Ihren Angehörigen und erklären Sie ihnen, warum Sie das Erbe ausgeschlagen haben und was dabei zu beachten ist. Auch hier gilt wieder: Helfen und unterstützen Sie sich gegenseitig!

## Der Umgang mit persönlichen Gegenständen des Verstorbenen

Persönliche Gegenstände des Verstorbenen, die keinen besonders hohen Materialwert haben, werden in der Regel in keinem Testament erwähnt. Warum sollte man auch Gläser, Kaffeetassen, Sofakissen oder Bücher an jemanden vererben? Auch sehr persönliche Gegenstände, wie zum Beispiel eine Uhr, ein Fotoalbum oder persönliche Erinnerungsstücke, des Verstorbenen werden nicht immer explizit vererbt.

Sie müssen diesbezüglich also als Hinterbliebene eine Entscheidung treffen, was mit diesen Gegenständen geschehen soll. Möchten Sie sie behalten? Wenn Sie mehrere Hinterbliebene sind, sollten Sie natürlich zunächst untereinander ausmachen, wer welches Erinnerungsstück an sich nehmen darf. Bemühen Sie sich in Ihrem eigenen, aber auch im Interesse der anderen, um eine faire Aufteilung der Gegenstände. Das unschönste denkbare Szenario ist schließlich, dass Sie sich innerhalb der Familie um die nicht explizit aufgeteilten Erbstücke streiten.

Hat keiner von Ihnen Interesse, gibt es drei Möglichkeiten: Entweder Sie verkaufen die Stücke, verschenken diese oder aber Sie werfen sie weg. Letzteres fällt bei den erwähnten Sofakissen und Kaffeetassen sicherlich nicht schwer, bei persönlichen Gegenständen des Verstorbenen, die mit ihm und seiner Person in Verbindung gebracht werden, schon eher. Wenn Sie es nicht übers Herz bringen, die Gegenstände auszusortieren und in den Müll oder auf den Sperrmüll zu bringen, sollten Sie die Option des Verschenkens oder Verkaufens wählen.

Eine mögliche Option ist der Verkauf über einen klassischen öffentlichen Flohmarkt. Meistens werden diese von der jeweiligen Stadt oder Gemeinde genehmigt, Sie müssen also zunächst einen offiziellen Stand auf dem Flohmarkt anmelden, bevor Sie diesen aufbauen können. Auch ist es denkbar, dass Sie einen privaten Flohmarkt veranstalten und zum Beispiel auf Ihrem Grundstück oder auf dem Grundstück des Verstorbenen einen kleinen Stand aufbauen. Dazu sollten Sie im besten Falle online, über soziale Netzwerke oder klassisch in einer Lokalzeitung inserieren. Interessierte Käufer können dann zu Ihnen kommen und sich die Gegenstände abholen. Als letzte denkbare Option bieten Sie die einzelnen Gegenstände über Portale, wie beispielsweise eBay.de, kleinanzeigen.com oder QUOKA.de, an, auch in diesem Fall können interessierte Käufer die Gegenstände vor Ort abholen oder Sie verschicken diese mit der Post.

Ob und in welcher Höhe Sie Geld für die Gegenstände verlangen, obliegt dabei Ihnen. Manche Gegenstände möchten Sie unter Umständen nicht umsonst hergeben, da Sie sie – zumindest ideell – für wertvoll erachten. Bei anderen wiederum sind Sie vielleicht froh, dass Sie sie loswerden können. Entscheiden Sie selbst, ob und wie Sie einen Verkauf / das Verschenken der jeweiligen Gegenstände organisieren. Stimmen Sie sich, falls nötig, mit den anderen Hinterbliebenen ab, um Streitigkeiten vorzubeugen.

## Umgang mit den rechtlichen und finanziellen Aspekten des Todes

Wir sehen also, dass der Tod nicht nur eine emotionale Komponente hat, sondern dass auch viele rechtliche und finanzielle Formalitäten zu bedenken sind. Es ist durchaus schwierig, beide Herausforderungen gleichzeitig zu bewältigen – emotional mit dem Tod einer geliebten Person zurechtzukommen und die formellen Schritte zu beachten. Im folgenden Abschnitt finden Sie daher Ratschläge, wie Sie sich schnell und ausreichend über die Formalitäten informieren können:

### Sich über rechtliche Schritte und Formalitäten informieren

Es gibt einige Formalitäten, die Sie unbedingt im Blick haben sollten, wenn Sie mit einem Todesfall im direkten Familienkreis konfrontiert werden. Gehen wir diese in chronologischer Reihenfolge durch, ergeben sich folgende Schritte:

1. <u>Den Arzt verständigen</u>:
Wenn der Verstorbene zum Zeitpunkt seines Todes nicht in einem Krankenhaus oder einer Pflegeeinrichtung war, müssen Sie einen Arzt oder eine Ärztin informieren, um eine sogenannte Leichenschau durchführen zu lassen. Der Arzt begutachtet dabei den Verstorbenen und stellt offiziell fest, dass dieser tatsächlich tot ist; daraufhin wird ein sogenannter *Totenschein* ausgestellt. Mit dem Totenschein können Sie sich nun an ein Bestattungsunternehmen wenden, um die weiteren (oben bereits besprochenen) Schritte einzuleiten.

2. <u>Informationen sammeln und kommunizieren</u>:
Nicht jeder Mensch spricht gerne oder bereitwillig über den eigenen Tod und das, was danach zu erfolgen hat. In manchen Fällen müssen die Angehörigen daher Recherche-Arbeit betreiben. Hatte der Verstorbene beispielsweise einen Organspendeausweis? Gibt es eine Willenserklärung, welche Art von Bestattung er gewünscht hat? Des Weiteren sollten Sie die persönlichen Dokumente des Verstorbenen zusammensuchen: Personalausweis, Geburtsurkunde, ggf. Heiratsurkunde, Krankenversicherungskarte, Rentenversicherungsnummer und, falls vorhanden, das Familienbuch. Sollten Sie der Erste sein, der von dem Todesfall erfahren hat, sollten Sie Ihre weiteren Angehörigen informieren. Wann und wie Sie das tun (persönlich, am Telefon), bleibt Ihnen überlassen. Wenn der Verstorbene beispielsweise noch berufstätig war, sollten Sie zudem den Arbeitgeber über seinen Tod informieren.

3. <u>Bestattungszeiten beachten</u>:
In den meisten Bundesländern bleiben den Angehörigen 36 Stunden Zeit, um ein Bestattungsunternehmen zu beauftragen, das den Transport des Leichnams in eine Leichenhalle organisiert. In Brandenburg und Sachsen sind es 24 Stunden, in Thüringen 48 Stunden.

4. Meldung des Todesfalls beim Standesamt:
Für die nun anstehenden Formalitäten benötigen Sie zwei Dokumente – die Sterbeurkunde und den Erbschein. Über letzteren haben wir bereits ausführlich gesprochen, erstere erhalten Sie beim Standesamt. Geben Sie beim Standesamt mehrere Ausführungen der Sterbeurkunde in Auftrag, da für die Kündigung laufender Verträge meistens das Original-Dokument verlangt wird. Die Meldung an das Standesamt muss spätestens drei Werktage nach dem Todestag erfolgen. Für die Beantragung benötigen Sie den Personalausweis des Verstorbenen und Ihren eigenen Personalausweis, den Totenschein, die Geburtsurkunde des Verstorbenen, ggf. eine Heirats- und/oder Scheidungsurkunde und bei Witwen oder Witwern zudem die Sterbeurkunde des Ehepartners.

5. Bestattung organisieren:
Über diesen Aspekt hatten wir bereits ausführlich gesprochen. Wenden Sie sich an eine Pietät und klären Sie die wesentlichen Punkte für die Vorbereitung der Bestattung.

## Finanzielle Angelegenheiten und Versicherungen klären

Sie haben nun die wichtigsten formalrechtlichen Aspekte klären können. Diese sind stets zuerst in Angriff zu nehmen, da der Gesetzgeber an dieser Stelle Fristen setzt, mit deren Nichteinhaltung Sie sich Ärger mit den Behörden einhandeln könnten. Ebenso wichtig ist allerdings die Kündigung von Verträgen, Versicherungen oder Abonnements. Hierfür gibt es keine formaljuristische Verpflichtung, dennoch sollten Sie auch diese Schritte so schnell wie möglich gehen:

1. Versicherungen fristgerecht informieren:
Bei der Meldung an die Versicherung sind zwei Aspekte zu beachten: Einerseits sollten Sie bestehende Versicherungen wie etwa Haftpflicht-, Hausrat- oder private Krankenversicherung des Verstorbenen kündigen. Hierzu schicken Sie ein formloses Schreiben und eine Kopie der Sterbeurkunde an die jeweilige Versicherung. Wenn der Verstorbene aber beispielsweise eine Lebensversicherung oder eine Unfallversicherung hatte (und die Todesursache ein Unfall war), so haben Sie in der Regel eine bestimmte Frist, innerhalb derer Sie die Versicherung benachrichtigen müssen. Von Versicherer zu Versicherer ist diese Frist unterschiedlich, meist liegt sie zwischen 24 und 72 Stunden nach Feststellung des Todes. Melden Sie daher den Todesfall am besten telefonisch bei der Versicherung oder schicken Sie ein Schreiben mit Rückschein (!) per Post. Fügen Sie eine Kopie der Sterbeurkunde bei.

2. Verträge und Abonnements kündigen:
Viele Menschen lassen feste Verträge oder Abos über einen Dauerauftrag laufen, das heißt, das Geld wird zum Beispiel monatlich vom Konto abgebucht. Kündigen Sie daher den Dauerauftrag sowie den dazugehörigen Vertrag – meist sind das Mietverträge, Versicherungen, Vereinsmitgliedschaften oder Abos von Zeitungen, Zeitschriften, Bezahl-Sendern oder Streaming-Diensten. Informieren Sie zudem Unternehmen wie den Stromanbieter, die Telefongesellschaft und/oder den Internetanbieter schriftlich über den Todesfall und legen Sie auch hier eine Sterbeurkunde oder zumindest eine Kopie bei.

3. Nachfolgeregelung beim Mietvertrag:
Ehepartner, Lebensgefährten oder auch Angehörige werden automatisch zu den neuen Mietern der Wohnung, wenn sie vor dem Tod des Verstorbenen mit diesem zusammen gewohnt haben. Allerdings bleibt diesen eine Kündigungsfrist von einem Monat nach der Feststellung des Todes, zum Beispiel, weil sich der hinterbliebene Partner alleine die Miete nicht leisten kann oder die Wohnung mit zu vielen Erinnerungen behaftet ist. Wenn der Verstorbene alleine gelebt hat, müssen sich die Erben mit dem Vermieter in Verbindung setzen. Sowohl die Erben als auch der Vermieter können den Mietvertrag binnen eines Monats einseitig kündigen.

4. Das „Sterbevierteljahr“:
Die Deutsche Rentenversicherung kennt die sogenannte *Sterbeübergangszeit*, umgangssprachlich auch „Sterbevierteljahr“ genannt. Witwen und Witwer bekommen in den ersten drei Monaten nach dem Tod ihres Ehepartners eine Übergangsrente gezahlt. Sie entspricht der Höhe der Rentenbezüge des Verstorbenen. Als Ehepartner sollten Sie diese Rente bei der Deutschen Rentenversicherung beantragen.

5. Social Media:
Immer mehr Menschen nutzen Social-Media-Kanäle wie Twitter, YouTube, Instagram, LinkedIn etc. Wenn Sie die Zugangsdaten des Verstorbenen kennen, können Sie selbst die entsprechenden Konten mit wenigen Mausklicks löschen. Sind die Zugangsdaten nicht bekannt, wird es etwas komplizierter – in diesem Fall sollten Sie eine E-Mail an den Betreiber der jeweiligen Plattform schreiben (ein Kontakt ist zumeist im Impressum angegeben) und im besten Fall einen Scan der Sterbeurkunde beifügen, um so die Löschung zu veranlassen. Die Erfahrung zeigt, dass dies lange Zeit dauern kann, dennoch sollten Sie diesen Schritt zumindest in die Wege leiten.

### Unterstützung bei rechtlichen und finanziellen Fragen suchen

Rechtliche und finanzielle Fragen sind nicht immer einfach zu klären. Insbesondere die Rechtslage bei Erbschaften oder bei der Kündigung bestehender Verträge und Abonnements kann in bestimmten Fällen komplizierter sein als zunächst angenommen. Suchen Sie sich auch hier Unterstützung, gerne auch in Form einer professionellen Beratung. Wenn es Ihre Zeit und Ihre emotionalen Kapazitäten zulassen, können Sie selbstredend auch eigene Recherchen anstellen und sich selbst informieren. Im Zweifel sollten Sie aber mit Fachleuten sprechen.

Wenn es zum Beispiel um Konten des Verstorbenen geht, sind die jeweiligen Bankberater die passenden Ansprechpartner. Wenden Sie sich an die Bank und vereinbaren Sie einen Termin, um die notwendigen rechtlichen Schritte zur Auflösung des Kontos und die Übertragung der Vermögenswerte zu besprechen.

Auch wenn es um rechtliche Aspekte geht, können Sie Fachleute konsultieren. Oftmals bieten Anwälte, zum Beispiel Fachanwälte für Erbrecht, kostenlose Erstgespräche an, in denen Sie sich über die allgemeinen rechtlichen Grundlagen informieren können. Sollten Sie in Erbstreitigkeiten verwickelt werden, was Ihnen jedoch hoffentlich erspart bleibt, werden die Dienste der entsprechenden Fachanwälte Sie Geld kosten, über eine Rechtsschutzversicherung sind Sie allerdings auch für diesen Fall abgesichert. Suchen Sie in jedem Fall professionelle Unterstützung, wenn Sie diese benötigen, und informieren Sie sich umfassend über rechtliche und formale Fragen.

## Abschiedsrituale und Gedenkfeiern planen und durchführen

Die Trauerfeier oder auch Gedenkfeier ist ein zentraler Bestandteil des Abschiednehmens. Die Trauergemeinde kommt hierbei zusammen und gedenkt gemeinsam, in einer Art zeremoniellem Rahmen, dem Verstorbenen. Es werden Erinnerungen ausgetauscht, Gefühle und Emotionen besprochen oder ausgelebt und zu guter Letzt auch familiäre und freundschaftliche Bande gestärkt, indem die Trauergemeinde kollektiv Abschied nimmt. Als Hinterbliebener fällt Ihnen auch hier oftmals die Planungsarbeit zu. Doch sehen Sie es positiv: Sie haben die Chance, einen Rahmen vorzugeben und einen Ablauf zu gestalten, der ganz im Sinne Ihres geliebten Menschen wäre, von dem Sie Abschied nehmen.

## Die Planung von individuellen Gedenkfeiern oder Gedenkveranstaltungen

Eine Trauerfeier ist immer etwas Individuelles, daher ist es keine einfache Aufgabe, allgemeingültige Ratschläge zu formulieren. Ein fester Rahmen umgibt aber meist jede Gedenkfeier, unabhängig von Ort, Jahreszeit, Budget oder auch kulturellen und religiösen Besonderheiten. Da die Vielfalt der Bräuche und kulturellen Zeremonien im Zusammenhang mit dem Tod an dieser Stelle ohnehin nicht abgebildet werden kann, bleiben wir an dieser Stelle eher allgemein. Familien- oder kultureigene Rituale können selbstverständlich ergänzt werden und einen wichtigen Platz in der individuellen Trauersituation einnehmen.

- Einladungen:

Enge Familienangehörige und auch Freunde sollten nach Möglichkeit eine persönliche Einladung erhalten. Schreiben Sie einen Brief oder eine Trauerkarte und informieren Sie die Eingeladenen über die Zeit und den Ort der Trauerfeier.

- Todesanzeigen:

Nicht jeder aus dem Umfeld des Verstorbenen kann eine Einladung erhalten, schließlich werden Sie selbst nicht jede Person kennen, die mit ihm zu tun hatte. Daher besteht die Möglichkeit, eine Todesanzeige in der örtlichen Zeitung zu schalten. Diese ist in den meisten Fällen nicht sehr kostspielig und bietet gleich zwei Möglichkeiten: einerseits eine Würdigung des Verstorbenen, andererseits eine Information bezüglich der Trauerfeier (Ort und Zeit). Auf diese Weise können auch Personen aus dem erweiterten Umfeld des Verstorbenen an der Zeremonie teilhaben.

- Beisetzung:

Über die vielen Möglichkeiten einer Beisetzung (Erdbestattung, Urnenbestattung, Seebestattung etc.) hatten wir in diesem Kapitel bereits gesprochen. Von diesem Rahmen hängt auch die Organisation der Trauerfeier ab. Findet die Beisetzung auf einem Friedhof statt, unabhängig davon, ob in einem Sarg oder einer Urne, beginnt die Zeremonie üblicherweise in der Friedhofskapelle. Dort richtet ein Trauerredner (dies kann ein Pfarrer, aber auch ein Redner ohne Bezug zur Kirche sein) zunächst sein Wort an die Trauergemeinde und skizziert das Leben des Verstorbenen. Anschließend wird der Sarg oder die Urne zum Ort der Beisetzung gebracht, die Trauergemeinde folgt dem Bestatter und nimmt am Grab Abschied vom Verstorbenen. Bei einer Erdbestattung wird oftmals ein wenig Erde, zusammen mit Blumen oder anderen Geschenken, in das Grab geworfen. Bei einer Seebestattung zum Beispiel ist der Ablauf logischerweise anders. Über den genauen Ablauf können Sie, im Falle einer besonderen Form der Beisetzung, jederzeit mit dem Bestattungsinstitut sprechen.

• Leichenschmaus:
Nach der Beisetzung findet meist ein Leichenschmaus statt, bei dem die gesamte Trauergemeinde zum Essen zusammenkommt. Hier wird der Raum für ein gemeinsames Erinnern und Abschiednehmen geboten. Wählen Sie im besten Fall ein Lokal, das sich in der Nähe des Friedhofs befindet, sodass es für alle Trauergäste gut zu erreichen ist. Nicht alle Trauergäste werden am Leichenschmaus teilnehmen, es bleibt Ihnen überlassen, ob Sie diesen generell öffentlich gestalten oder einen engeren Kreis an Verwandten oder Freunden einladen möchten.

• Weitere Ideen:
Grundsätzlich sind Ihrer Kreativität keine Grenzen gesetzt. Überlegen Sie, was dem Verstorbenen gefallen hätte und ob er sich zu Lebzeiten zu seiner eigenen Trauerfeier geäußert hat. Wichtig ist, dass sich die Trauerfeier für Sie und andere Hinterbliebene „rund" anfühlt und im Sinne des Verstorbenen abgehalten wird. Sie werden die richtige Entscheidung treffen – denn Sie kannten den Verstorbenen sehr gut. Entscheiden Sie auch nach Ihrem Gefühl und Ihren Empfindungen, welcher Rahmen angemessen für ein gemeinsames Abschiednehmen ist.

## Den Raum schaffen für den Ausdruck von Emotionen und Erinnerungen

Achten Sie zudem darauf, dass die Trauerfeier nicht zu starr wirkt und allen Anwesenden genügend Freiraum für ihre Emotionen lässt. Trauer ist sehr emotional und insbesondere während einer Trauerfeier können Emotionen überborden. Geben Sie daher allen Angehörigen den notwendigen Raum, zu trauern, aber lassen Sie auch Austausch von Erinnerungen und Gespräche zu. Insbesondere der zuvor erwähnte Leichenschmaus bietet hierzu Gelegenheit. Wenn Sie also Kapazitäten und die finanziellen Möglichkeiten dafür haben, sollten Sie einen Leichenschmaus unbedingt einplanen.

Suchen Sie hierzu ein ruhiges Restaurant oder Café aus und laden Sie die Trauergemeinde hierher ein. In der Regel nehmen am Leichenschmaus alle Trauergäste teil. Je nach Größe der Trauergemeinde sollten Sie die Anzahl jedoch entsprechend begrenzen (engerer Familien- und Freundeskreis). Um den Rahmen für Erinnerungen zu setzen, können Sie beim Leichenschmaus zum Beispiel ein Bild des Verstorbenen am Eingang oder in der Nähe des Buffets platzieren, wenn die Kapazität gegeben ist, auch mehrere Bilder. So regen Sie Gespräche und den Austausch von Erinnerungen an.

Eine gelungene Trauerfeier bietet nicht nur Platz zum Trauern, sondern auch für Hoffnung, schöne Erinnerungen und Gespräche zwischen Trauernden, die sich unter Umständen selbst lange nicht gesehen haben und den Rahmen der Trauerfeier nutzen, um wieder ins Gespräch zu kommen. An dieser Stelle denke ich immer an die Worte meiner längst verstorbenen Urgroßmutter: „Auf meiner Trauerfeier soll nicht nur geweint, sondern auch gelacht werden." Lassen Sie auch diese Art von Emotionen zu, selbst wenn Sie sich selbst noch zu traurig oder niedergeschlagen fühlen – jeder verarbeitet Emotionen anders und eine Trauerfeier sollte für jeden der Anwesenden den passenden Anlass zur Verarbeitung der Emotionen sein dürfen.

## Die Bedeutung des kollektiven Abschieds und der Unterstützung der Gemeinschaft

Einen Raum für kollektives Abschiednehmen zu bieten, ist die wohl wichtigste Aufgabe einer organisierten Trauerfeier. Die Trauergemeinde unterstützt und hilft sich gegenseitig, Ratschläge für eine hilfreiche Trauerbewältigung werden ebenso ausgetauscht wie schöne Erinnerungen und Anekdoten. *„Geteiltes Leid ist halbes Leid"*, sagt der Volksmund und er hat recht damit – denn wenn Sie über Ihre Trauer sprechen und die Unterstützung anderer erfahren, fühlen Sie sich im Anschluss merklich erleichtert.

Stärken Sie daher die Gemeinschaft und suchen auch Sie als Hinterbliebener den Dialog mit allen Trauergästen, auch solchen, die Sie persönlich nicht sehr lange oder nicht sehr gut kennen. Auf diese Weise erleichtern Sie Ihren persönlichen Prozess der Trauerbewältigung und leihen auch den anwesenden Trauergästen ein offenes Ohr – „unterstützen und unterstützt werden" lautet die Devise, um die kollektive Kraft des gemeinschaftlichen Trauerns und Abschiednehmens zu entfalten.

# Bonus: Der 4-Wochen-Plan zur Trauerarbeit

Im letzten Kapitel dieses Buches haben wir für Sie einen Praxis-Leitfaden entwickelt, mit dessen Hilfe Sie innerhalb von vier Wochen einen wesentlichen Teil der Trauerarbeit bewältigen können. Dabei werden wir allerdings nicht Tag für Tag, sondern vielmehr Woche für Woche einen großen Schritt in Richtung Trauerbewältigung gehen. Es spricht nichts dagegen, tatsächlich jeden Tag eine Übung auszuführen, das wochenweise getaktete Konzept erlaubt Ihnen allerdings ein höheres Maß an Flexibilität und gibt Ihnen zudem die Möglichkeit, an Tagen, an denen Sie sich mental sehr schlecht und sich nicht in der Lage fühlen, eine oder mehrere Übungen auszuführen.

## WOCHE 1 – ERSTE TRAUERPHASE

Die erste Trauerphase ist oftmals die schwierigste. Hier übermannen einen die Gefühle regelrecht, man erlebt eine große Palette an emotionalen Aufs und Abs. Wie lange diese Phase anhält, lässt sich allgemein nur schwer sagen. Bei den meisten Trauernden dauert sie zwischen drei Tagen und circa einer Woche an, es gibt allerdings auch Menschen, die nur einen Tag, und andere, die wiederum deutlich längere Zeit benötigen. Unabhängig davon, wie lange Sie sich in der ersten Phase der Trauer „Schock und Verleugnung" befinden, sollten Sie in jedem Fall folgende vier Übungen anwenden, um Ihre Emotionen wieder stärker kontrollieren zu können und Ihre mentale Belastung zu verringern:

Im ersten Schritt geht es darum, emotional *herunterzufahren*. Trauer ist enorm aufwühlend und versetzt uns in einen Zustand der mentalen und körperlichen Angespanntheit. Um diese Anspannung zu lösen, sollten Sie unbedingt eine Entspannungsmeditation als festes Ritual in Ihren Alltag integrieren. Je nachdem, wie Sie sich fühlen, können Sie bereits unmittelbar nach Bekanntwerden des Trauerfalls damit beginnen. Die Erfahrung zeigt jedoch, dass es meist besser ist, die Emotionen erst einmal zuzulassen und den allerersten Trauerimpuls noch nicht zu bekämpfen. Ich würde Ihnen daher empfehlen, einen oder zwei Tage nach Bekanntwerden des Trauerfalls mit Ihrer Meditationspraxis zu beginnen.

**Übung 1: Die dynamische Meditation**

Es gibt verschiedene Formen der Entspannungsmeditation, einige Varianten haben wir in diesem Buch bereits kennengelernt, etwa die Atemmeditation oder die Achtsamkeitsmeditation. Eine spezielle Form, die ebenfalls zum Bereich der Atemmeditation zählt, ist die sogenannte dynamische oder auch Geh-Meditation.

Diese Variante bietet folgende Vorteile: Sie brauchen nicht zwangsweise ein ruhiges, ungestörtes Plätzchen dafür, sondern können die Meditation auch bei einem kleinen Spaziergang oder beim Weg zur Arbeit oder zum Supermarkt durchführen. Zudem bietet sie einen Anreiz zur Bewegung im Freien, die ebenfalls förderlich ist, um Gedankenkreisläufe zu durchbrechen. Bewegung und Aktivität sind meist besser als stilles Sitzen in den eigenen vier Wänden, denn dort arbeitet das Gehirn am meisten, was insbesondere in der ersten Trauerphase oftmals zu negativen Gedankenkreisläufen führt.

Lenken Sie beim Gehen den Fokus Ihrer Achtsamkeit auf das Gehen und auf Ihre Atmung. So bleiben Ihre Gedanken fokussiert. Wie gehen Sie, welches Tempo nehmen Sie? Spüren Sie jeden Schritt und nehmen Sie die Bewegung Ihres Körpers bewusst wahr. Atmen Sie im gleichen Rhythmus, wie Sie gehen, und kommen Sie so in eine fließende Bewegung hinein. Wie bei einer statischen Meditation konzentrieren Sie sich auch hier auf Ihre Atmung und Ihre Gedanken, sind dabei aber zusätzlich in Bewegung. Dies ist zudem gesund und hilfreich für Ihren Bewegungsapparat, denn Sie wissen ja – ein gesunder Geist wohnt meist in einem gesunden Körper.

Wiederholen Sie die dynamische Meditation mindestens einmal täglich!

Im ersten Schritt ist es Ihnen nun gelungen, Ihre Emotionen ein wenig zu besänftigen. Ist die erste körperliche Reaktion durchgestanden, beginnt oftmals das Gedankenkarussell, sich zu drehen. Sowohl unsere Gefühle als auch unsere Gedanken sind nur schwer zu kontrollieren und sollten auch nicht zwanghaft unterdrückt werden. Wir müssen dennoch versuchen, eine emotionale Distanz zu ihnen zu gewinnen, um uns nicht vollständig von negativen Gedanken oder Empfindungen vereinnahmen zu lassen. Eine sehr gute Übung, um Gedanken zuzulassen, aber zeitgleich auf Distanz mit ihnen zu gehen, ist die sogenannte Mauseloch-Übung.

Es handelt sich um ein Gedankenexperiment, bei dem Sie sich vor ein imaginäres Mauseloch setzen und auf den nächsten Gedanken warten, der Ihnen gleich durch den Kopf gehen wird. Diese Übung hilft Ihnen zunächst dabei, eine Distanz zu Ihren Gedanken aufzubauen, denn Sie sind nicht Ihre Gedanken, sondern Sie beobachten diese aus einer anderen Perspektive. Des Weiteren ist die Mauseloch-Übung gut dazu geeignet, sich und die eigenen Gedanken besser kennenzulernen. Durch das Antizipieren („Welcher Gedanke wird der nächste sein?") lernen Sie sich und Ihre eigene Gedankenstruktur besser kennen. Es handelt sich also um eine sogenannte *Achtsamkeitsübung*, Sie achten auf sich, Ihre Gedanken und Gefühle.

Die Mauseloch-Übung hilft Ihnen ferner dabei, sich zu konzentrieren und somit Ihre Gedanken zu ordnen und dem Strom aus überbordenden Gedanken Einhalt zu gebieten. Wenn Sie sich auf *einen* konkreten Gedanken fokussieren und dabei ruhig und konzentriert bleiben, hört das Karussell auf, sich zu drehen. Es gibt jetzt nicht mehr viele Gedanken, die ungeordnet in Ihrem Kopf herumgeistern, sondern nur *diesen einen*, den nächsten Gedanken, auf den es sich zu konzentrieren gilt.

**Übung 2: Mauseloch-Übung**

Schließen Sie die Augen. Hören Sie in sich hinein und stellen Sie sich selbst die Frage: *Was wird wohl mein nächster Gedanke sein*? Die Beobachtung der eigenen Gedanken sorgt dafür, dass die innere Stimme leiser wird, Sie sind fokussiert und konzentriert.

Warten Sie anschließend auf den nächsten Gedanken. Wie eine Katze, die vor einem Mauseloch liegt und wartet, dass die nächste Maus herauskommt, warten Sie auf den nächsten Gedanken. Wiederholen Sie dieses Vorgehen mehrmals. Je öfter Sie es durchspielen, desto öfter befinden Sie sich in einem Zustand frei von Gedanken. Dieser Zustand kann sehr entspannend sein. Sie schweben quasi zunächst über Ihren Gedanken, um dann im zweiten Schritt Herr über sie zu werden.

Die Mauseloch-Übung kann situativ angewandt werden, wann immer Sie das Gefühl haben, dass Ihre Gedanken Sie überkommen und Sie diese nicht ordnen können.

Nun haben Sie im ersten und zweiten Schritt Ihre Gedanken so weit begriffen und reflektiert, dass Sie aus der sich ständig drehenden Gedankenspirale zumindest temporär heraustreten und zur Ruhe kommen können. Sicherlich werden Sie die negativen Gedankenkreisläufe im Laufe des Prozesses der Trauerbewältigung des Öfteren wieder einholen. Das ist normal und kein Grund zur Besorgnis. Am Ende ist entscheidend, dass Sie die Techniken kennen, um den Weg aus dem Kreislauf hinauszufinden.

Viele Trauernde leiden darunter, dass Sie immer wieder mit negativen Emotionen konfrontiert werden. Trotz aller Verdrängung lassen uns bestimmte Empfindungen wie Wut, Trauer und Fassungslosigkeit zu Beginn des Verarbeitungsprozesses nicht los. Daher sollten Sie, nach der Meditation und dem temporären Anwenden der Mauseloch-Technik, ebenfalls in der ersten Woche der Trauerbewältigung lernen, wie Sie Ihre Emotionen (temporär) akzeptieren.

**Übung 3: Emotionen akzeptieren – „Der unerwünschte Gast"**

Wir neigen dazu, negative Emotionen zu unterdrücken. Dies führt allerdings dazu, dass sie in unserem Kopf noch größer werden und noch mehr Raum in unseren Gedanken einnehmen. Folgendes Gedankenexperiment verdeutlicht dieses Prinzip:

Stellen Sie sich vor, jemand klingelt an Ihrer Tür. Der Mann ist traurig, zieht eine deprimierte Miene und wirkt fast ein wenig bedrohlich auf Sie, auch wenn Sie nicht genau sagen können, warum das so ist. Der Mann bittet Sie um ein Gespräch, ob er sich kurz mit Ihnen unterhalten dürfe. Da Sie sich bedroht fühlen, wimmeln Sie ihn jedoch ab und schließen die Tür. Am nächsten Tag klingelt der Mann abermals bei Ihnen und bittet Sie wieder darum, nur kurz mit Ihnen zu sprechen, er wolle nur einen kurzen Moment hineinkommen. Abermals verschließen Sie ihm aus Angst die Tür. Ihre Angst wird allerdings größer, Sie befürchten, der Mann könne wiederkommen, er würde nicht lockerlassen und irgendwann werde er sich gewaltsam Zutritt zu Ihrer Wohnung verschaffen. Sie denken dauernd an den Mann, auch wenn er nicht da ist, verriegeln die Tür oder gehen nicht mehr raus, weil Sie sich vor ihm fürchten.

Sie ahnen es sicher bereits – der Mann symbolisiert Ihre negativen Emotionen. Dadurch, dass Sie ihn nicht hineinlassen und sich nicht mit ihm, also Ihren eigenen Empfindungen, auseinandersetzen, machen Sie Ihre Angst nur noch größer. Wenn Sie ihm kurz Eintritt gewähren würden, hätte der Mann seinen Schrecken verloren. Sie würden mit ihm sprechen und auch wenn es unangenehm wäre, wäre es danach vorbei. So aber bauen Sie den Mann als Drohkulisse auf und die abstrakte Angst wird immer größer – Sie verschließen sich noch mehr.

Ihre dritte Aufgabe in dieser Woche ist es also, den unerwünschten Gast eintreten zu lassen. Nehmen Sie sich selbst die Angst, indem Sie sich erlauben, Ihre Emotionen zuzulassen und zu verarbeiten. Im nächsten Schritt wird eine zusätzliche Hilfe für diesen Prozess gegeben. Sie müssen dem Mann nämlich nicht alleine begegnen, sondern dürfen sich Unterstützung hinzuholen.

Ein weiterer Schritt zur Akzeptanz und zum besseren Umgang mit den eigenen Emotionen ist das Gespräch. Sprechen Sie mit anderen Trauernden oder auch mit Menschen aus Ihrem Umfeld, die nicht unmittelbar betroffen sind. Versuchen Sie, nicht zu schauspielern und Ihre Gefühle anderen gegenüber nicht zu verbergen. Offenheit ist auch hier enorm wichtig. Die anderen können Ihnen nur beim Verarbeiten Ihrer Gefühle behilflich sein, wenn sie diese wirklich kennen.

Zudem hilft das Aussprechen und Ausformulieren von Gefühlen dabei, sie zu reflektieren und zu verarbeiten. In dem Moment, in dem Sie etwas formulieren müssen, müssen Sie es verständlich machen – und was Sie anderen verständlich machen, verstehen Sie auch selbst besser. Sie kennen das vielleicht noch aus der Schule – wenn Sie einem Mitschüler beispielsweise einen Lösungsweg für eine Mathe-Aufgabe erklärt haben, hat sich der Weg durch die Erklärung in Ihnen zusätzlich verfestigt und Sie haben die Aufgabe durch das Erklären besser verstanden, als wenn Sie sie alleine gelöst hätten.

**Übung 4: Erste Gespräche**

Sprechen Sie mit jemandem, dem Sie vertrauen und dem Sie Ihre Gefühle anvertrauen können. Bedenken Sie, dass emotionale Offenheit wichtig ist und dass Sie sich vor dem Menschen, mit dem Sie über die Gefühle sprechen, nicht schämen sollten. Suchen Sie daher das Gespräch nur mit einer Vertrauensperson. Sie müssen nicht immer und jederzeit über Ihre Gefühle sprechen, manchmal möchte man die Dinge lieber für sich verarbeiten, aber wenn Ihnen der Sinn danach steht, wenden Sie sich an jemanden, mit dem Sie in Ruhe und ohne mentale Barriere sprechen können. Ihr Gesprächspartner wird Ihnen emotionalen Beistand liefern und Sie dabei unterstützen, Ihre Emotionen und Empfindungen zu verarbeiten. Wenn das Gespräch Ihnen gutgetan hat und Ihr Gegenüber einverstanden ist, wiederholen Sie die Gespräche, wenn möglich, regelmäßig.

Der Rahmen und Zeitpunkt des Gesprächs muss natürlich auch demjenigen passen, der das Gespräch mit Ihnen führt. Daher sollten Sie sich hier auch ein wenig nach anderen richten. Es empfiehlt sich jedoch, das Gespräch zu suchen, sobald der Redebedarf entsteht und Sie das Gefühl haben, ein tiefes Gespräch wäre nun das Beste für Sie.

In der ersten Woche haben wir gelernt ...

- ... unsere Gedanken und Gefühle zu beobachten, anzunehmen und mit ihnen zu leben.
- ... das Gedankenkarussell zum Anhalten zu bringen.
- ... wie wertvoll Gespräche mit anderen Menschen sind.
- ... dass wir unsere Gefühle und Gedanken nicht unterdrücken, sondern den Umgang mit ihnen lernen sollten.

Nehmen Sie diese Erkenntnisse mit in die zweite Woche, in der die Verarbeitung der zweiten Trauerphase stattfindet.

## Woche 2 – Die zweite Trauerphase

Mit diesen Übungen haben Sie der zweiten Trauerphase bereits ein wenig vorgebeugt. In dieser wird der Schmerz noch einmal präsent, die emotionale Unruhe hält an. Gerade letztere haben Sie jedoch durch Meditation, Gespräche sowie erste emotionale Reflexionen bereits abgefedert. Sie befinden sich in einem emotional so stabilen Zustand, dass Sie von der zweiten Trauerphase nicht mehr vollends vereinnahmt werden. Dennoch sollten Sie den Schmerz und die Unruhe nicht unterschätzen. Zusätzlich zu den Übungen der ersten Woche kommen in der zweiten Woche folgende Übungen hinzu:

**Übung 1: Emotionen im geschützten Raum herauslassen**

In der Öffentlichkeit müssen wir unsere Emotionen oft genug verbergen. Gefühlsausbrüche im Zug, im Supermarkt oder der Fußgängerzone sind sozial nicht erwünscht, weshalb wir unsere Gefühle im öffentlichen Leben oft unterdrücken. Insbesondere im Rahmen der Trauer müssen wir jedoch bisweilen Gefühle zeigen und ihnen freien Lauf lassen, da sie sich sonst nur anstauen und dadurch potenzieren.

Die nächste Aufgabe ist es also, sich einen geschützten Raum zu schaffen, in dem Sie all Ihre Emotionen ausleben und herauslassen können, wie es Ihnen beliebt. Am besten eignet sich dafür natürlich ein Ort in Ihrem Zuhause. In diesem geschützten Raum können Sie weinen, schreien oder einfach nur kurz liegen und Ihre Gedanken kreisen lassen. Wenn Sie den passenden Raum gefunden haben, nutzen Sie ihn und halten mit Ihren Emotionen nicht hinter dem Berg. Hier haben Sie die Möglichkeit, den Schmerz zu kanalisieren – Sie werden sehen, wie gut es bisweilen tut, den Schmerz auf diese Weise abzubauen.

Suchen Sie Ihren persönlichen Raum für Emotionen mindestens einmal am Tag auf. In der zweiten Trauerphase werden Sie in der Regel oft genug mit dem Trauerschmerz konfrontiert sein. Lassen Sie Ihre Emotionen ausbrechen, sobald diese herauswollen und Sie sich in Ihrem geschützten Raum befinden.

Der erste Schmerz kann also mit dieser Übung gelindert werden. Unter Umständen bleibt jedoch das Problem der negativen Gedanken. In der ersten Woche haben Sie bereits die Mauseloch-Übung kennengelernt, die Ihnen sicherlich bereits geholfen hat, einen gewissen Abstand zu Ihren negativen Gedanken und den damit verknüpften Emotionen zu gewinnen. Auch die Gedankenstopp-Technik haben Sie bereits erfahren dürfen. Der eine oder andere Gedanke kann dennoch wiederkehren und Sie immer wieder beschäftigen. Gerade in den ersten zwei Wochen der Trauer mag es einen Gedanken geben, der noch zu stark ist, als dass er sich dauerhaft mental abstrahieren lässt. In diesem Fall sollten Sie ein Gedankentagebuch führen.

**Übung 2: Das Gedankentagebuch**

Ein Gedanke oder gleich mehrere Gedanken lassen Sie einfach nicht los? Dann schreiben Sie diesen Gedanken auf, formulieren Sie ihn aus und nehmen Sie ihm somit den ersten Schrecken. Sobald Sie ihn formuliert haben, wird er Ihnen klarer erscheinen.

Schreiben Sie nicht nur, was Sie denken, sondern schreiben Sie auch, wie es Ihnen damit geht und wann dieser Gedanke besonders häufig auftritt: *„Ich muss immer wieder daran denken, dass ich ihn nie wieder sehen kann. Immer, wenn ich ins Bett gehe, ist dieser Gedanke besonders stark. Sobald ich die Augen schließe, kommt er mir. Ich fühle mich traurig und melancholisch und habe das Bedürfnis, aufzustehen und mich abzulenken."*

Notieren Sie Ihre weiteren Gedanken. Was könnten Sie dagegen tun? Woher kommt dieser Gedanke vielleicht, gibt es eine tieferliegende Ursache für ihn? Notieren Sie alles, was Ihnen einfällt, und Sie werden sehen, dass alleine diese Notizen Ihnen eine große Hilfe sein werden und die negative Gedankenspirale stoppen können.

Wiederholen Sie die Eintragungen in Ihr Gedankentagebuch, wann immer der eine Gedanke, der Sie unruhig werden lässt, in Ihnen aufkommt.

Zuletzt sollten Sie in der zweiten Woche, aufbauend auf den bisherigen Übungen, eine zugegebenermaßen etwas kontraintuitive Übung versuchen. Es handelt sich bei ihr um das sogenannte *Dankbarkeitstagebuch*. Es mag zunächst widersprüchlich klingen, dass man sich ausgerechnet in einer Phase der Trauer mit Dankbarkeit auseinandersetzen soll, doch diese Übung ist hervorragend dazu geeignet, aufzuzeigen, dass Sie trotz des Trauerfalls auch viele Dinge in Ihrem Leben haben, für die Sie dankbar sein können und dürfen. Sie hilft Ihnen also dabei, Ihr Gedankenkarussell ein wenig zu durchbrechen und einen positiven Kontrapunkt zu setzen.

## Übung 3: Dankbarkeitstagebuch

Vor allem in den Abendstunden werden unsere Emotionen und unsere Gedanken besonders stark. Oftmals haben wir zu dieser Zeit auch das Gefühl, dass wir sie am wenigsten kontrollieren oder stoppen können – eine negative Gedankenspirale kann entstehen.

Auch in einem solchen Fall hilft es, Ihre Gedanken aufzuschreiben, am besten ebenfalls in Form eines Tagebuchs. Beim Dankbarkeitstagebuch stellen Sie aber insbesondere die positiven Aspekte des vergangenen Tages oder Ihres Lebens im Allgemeinen hervor: Was lief gut? Welche positiven Erfahrungen haben Sie gemacht? Welche angenehmen sozialen Begegnungen haben Sie bereichert? Wofür sind Sie dankbar?

Die positiven Gedanken können sich auf tagesaktuelle Ereignisse beziehen, zum Beispiel *„Heute bin ich dankbar, dass ich viel Zeit mit meinem Kind verbringen konnte"*, aber auch auf grundlegende Dankbarkeit, die sich an diesem Tag besonders stark ausgedrückt hat: *„Als ich über den Tod und das Leid nachgedacht habe, wurde mir wieder bewusst, wie dankbar ich bin, gesund zu sein."*

Das Dankbarkeitstagebuch kann ein gelungener Kontrapunkt in einem Strudel voll negativer Gedanken sein. An manchen Tagen fühlen Sie sich wahrscheinlich dennoch nicht in der Lage, explizit Dankbarkeit und positive Aspekte zu notieren. Das ist verständlich und normal, daher ist das Dankbarkeitstagebuch auch keine Übung, die Sie jeden Tag ausführen müssen oder sollten. Setzen Sie diese situativ ein, je nachdem, wie Sie sich gerade fühlen.

Die negativen Gedanken- und Trauerkreisläufe sind somit nun durchbrochen. Beglückwünschen Sie sich dafür, denn Sie haben die schlimmsten zwei Wochen, in denen Sie die Trauer am intensivsten wahrnehmen, bereits hinter sich gebracht. Von nun an beginnt bereits die Phase der Akzeptanz und Anpassung, doch auch diese will mit wertvollen Übungen begleitet werden.

## WOCHE 3 – DIE DRITTE TRAUERPHASE

In der dritten Woche befinden Sie sich möglicherweise schon in der dritten Trauerphase, auch wenn die Zeiträume der Trauerbewältigung bei jedem Menschen unterschiedlich sind. Die folgende Phase zeichnet sich durch die allmähliche Akzeptanz aus. Langsam beginnen Sie, die neue Realität anzunehmen, und die emotionale Unruhe lässt nach. Doch auch diese Phase gehört noch zur Trauerphase, man kann also nicht davon ausgehen, dass Sie bereits all Ihre Trauer überwunden haben. Auch in diesem Stadium sollten Sie sich noch an die eine oder andere Übung halten.

### Übung 1: Die Verbindung von alt und neu

Die neue Normalität und die alte Normalität (also die Zeit vor und die Zeit nach dem Trauerfall) sind zwar verschieden, jedoch handelt es sich nicht unbedingt um einen alles verändernden Moment in Ihrem Leben. Vieles bleibt, wie wir bereits festgestellt haben, beinahe gleich.

Eine Aufgabe kann es daher sein, eine Verbindung zwischen Ihrem alten und Ihrem neuen Lebensabschnitt zu schaffen. Bauen Sie etwa ein Ritual in Ihren Alltag ein. Wenn Sie wie jeden Morgen Kaffee trinken, denken Sie dabei einmal kurz bewusst an die verstorbene Person, bevor Sie aus dem Haus gehen, betrachten Sie ein Foto von ihr o. Ä. Für viele Menschen ist zudem der Friedhof ein typischer Ort, an dem die Erinnerung und das Weiterleben sinnbildlich zusammenkommen, daher ist für viele Trauernde der Friedhofsbesuch wichtig.

Behalten Sie dieses Ritual so lange bei, wie es Ihnen behilflich ist, die mentale Brücke zwischen alter und neuer Realität zu schlagen. Wenn Sie endgültig das Gefühl haben, dass der Trauerprozess abgeschlossen ist, können Sie auch damit aufhören, das Ritual zu praktizieren.

Der Übergang von der Akzeptanzphase zum endgültigen Abschluss mit der Trauer ist fließend. Es ist schwierig, exakte Trennlinien zu definieren, am besten hören Sie in sich selbst hinein, auf welchem Stand Sie aktuell sind und wie Sie sich fühlen.

Die Übungen aus den Wochen eins und zwei können Sie natürlich jederzeit dennoch anwenden, der Aufbau ist linear, das heißt, die späteren Übungen bauen auf den früheren auf und können diese noch ergänzen. Führen Sie die Übungen so lange und so intensiv aus, wie Sie es für richtig erachten, und richten Sie sich dabei nach Ihrem Gefühl.

**Übung 2: Das richtige Maß finden**

Die letzte wichtige Aufgabe, bevor der Prozess der Trauerbewältigung als abgeschlossen angesehen werden kann, ist die des richtigen Maßes. Es kann sowohl ein Zuviel als auch ein Zuwenig an Trauer und Erinnerung geben.

Zu viel wird es, wenn die Trauer übermäßig viel Raum einnimmt, wenn sie andere, positive Gedanken langfristig überlagert. Zu wenig wäre es, wenn Sie ein schlechtes Gewissen bekommen, weil Sie zu selten an den Verstorbenen denken oder es Ihnen vorkommt, als sei der Tod gleichgültig. Versuchen Sie daher, das richtige Maß zu finden, indem Sie einerseits die Erinnerung an den Verstorbenen lebendig halten, andererseits aber Ihr Leben weiterleben und positive Emotionen und Gedanken zulassen.

Dies ist vielleicht die schwerste Aufgabe im Rahmen der Trauerbewältigung, doch sie ist auch die wichtigste. Durch die Meditations- und Reflexionsübungen sowie die zahlreichen Hinweise, Übungen und Anleitungen der vergangenen Kapitel werden Sie erfolgreich in sich hineinhören können, um das für Sie richtige Maß der Trauer zu finden.

## Woche 4 – Das Leben geht weiter

Die emotional herausforderndste Phase der Trauer liegt nun bereits hinter Ihnen. In den ersten drei Wochen haben Sie in der Regel

- die Beisetzung organisiert,
- formale und juristische Angelegenheiten geklärt,
- den ersten emotionalen Schock verarbeitet sowie
- mithilfe der Übungen eine gewisse Kontrolle und einen gesunden Abstand zu Ihren negativen Emotionen und Gedanken gewonnen.

Somit stehen Sie nun kurz vor dem Abschluss des Bewältigungsprozesses, was nicht heißt, dass Sie nie wieder an den Verstorbenen denken oder nie wieder traurig oder melancholisch sein werden. Wenn Sie einen Menschen geliebt haben, wird dieser nach wie vor in Ihren Gedanken vorkommen, doch empfinden Sie diese Erinnerungen nun nicht mehr als Belastung, sondern als Teil Ihres Lebens, als Teil einer *neuen Normalität*. Diese Bezeichnung trifft wohl am besten, was eine erfolgreiche Trauerbewältigung im Kern für Sie bedeutet. Ihr Leben wird nicht genau gleich sein – wie vor dem Trauerfall –, doch die neuen, veränderten Umstände werden früher oder später ebenfalls zu Ihrer Realität. Es wird normal für Sie werden, anders zu leben als vor dem

Trauerfall. Mit folgender Übung erkennen Sie die neue Normalität schnell als Ihre Realität an:

## Übung: Die neue Normalität akzeptieren

**1. Die Beständigkeit überwiegt die Unterschiede:**

Gehen Sie in sich und überlegen Sie, was sich durch den Trauerfall in Ihrem Leben verändert hat und was gleich geblieben ist. Sie werden feststellen, dass viele Dinge bleiben, etwa Ihre Wohnung, Ihr Beruf, Ihr soziales Umfeld (inklusive anderer Hinterbliebener) etc. Gewohnheiten im Alltag passen sich hingegen meist an, sie verändern sich durch den Tod eines geliebten Menschen. Doch auch in diesem Bereich des Lebens werden sich schnell neue Routinen einspielen und etablieren. Es ist nicht alles anders oder wird nie wieder so sein wie früher – manche Dinge verändern sich durch einen Trauerfall, doch vieles, was wir kennen, schätzen und lieben, bleibt gleich.

**2. Das Leben geht weiter:**

Auch Ihre Freunde, Verwandten, Nachbarn und Kollegen bleiben dieselben, die sie vorher waren. Und sie verdienen es, dass Sie ebenfalls weiterhin für sie da sind. Sie sind weiterhin in vielen sozialen Kontexten eingebunden, haben vielleicht sogar Verantwortung für eine eigene Familie, ein Haustier oder auch für ein Projekt auf der Arbeit. Auch wenn uns, besonders in den ersten Tagen nach einem Trauerfall, manchmal der Sinn danach steht, können wir unser Leben nicht einfach anhalten. Uns bleibt nichts anderes übrig, als in vielen Bereichen unseres Lebens weiterzumachen, also akzeptieren wir die neue Normalität und lassen uns auf sie ein, denn ausblenden können wir sie ohnehin nicht.

Damit sind wir nun am Ende des Trauerbewältigungsprozesses angelangt. Auch, wenn sich der Verlust bisweilen noch immer schmerzhaft anfühlen wird, haben Sie die ersten drei Trauerphasen nun überstanden, haben Ihre Emotionen und Ihre Gedanken sortieren und reflektieren können und sind nun auf dem besten Wege, in eine neue Normalität zurückzukehren, in der Trauer nicht mehr das vorherrschende Gefühl in Ihrem Alltag ist.

# Abschließende Worte

Sie haben in den vorausgegangenen Kapiteln viele verschiedene Übungen und Methoden kennengelernt, die Ihnen bei dem Prozess der Verarbeitung helfen können, und neben theoretischen Erklärungen zum Ablauf eines Trauerprozesses auch stets praktische Anweisungen mit an die Hand bekommen, mit denen Sie Ihr neu gewonnenes Wissen direkt anwenden konnten. Des Weiteren haben Sie Hinweise erhalten, wie Sie mit den formalen und rechtlichen Anforderungen eines Trauerfalls umgehen, und zuletzt haben Sie diesen 4-Wochen-Plan zur Trauerbewältigung als Instrument zur Verfügung.

Mit all diesen Tools kann es Ihnen gelingen, Ihre Trauer effektiv zu bewältigen. Es wird immer wieder Momente geben, die für Sie emotional herausfordernd werden, dies werden Sie im Prozess der Trauer nicht gänzlich verhindern können. Was Sie jedoch vermeiden können, ist, dass Sie von der Trauer übermannt werden und dauerhaft in einen emotional und mental belastenden Zustand geraten. Hierbei wird Ihnen dieser Ratgeber eine gute Hilfe sein.

An dieser Stelle bleibt mir nur noch, Ihnen alles Gute auf Ihrem weiteren Weg zu wünschen. Mein Mitgefühl begleitet Sie in dieser außergewöhnlichen Zeit. Bleiben Sie trotz allem positiv und bewältigen Sie Ihre Trauer!

# Literaturverzeichnis


- Ansorge, U., & Leder, H. (2017). *Wahrnehmung und Aufmerksamkeit.* Wiesbaden: Springer.
- Assmann, J. (1988). Kollektives Gedächtnis und kulturelle Identität. In J. Assman, & T. Hölscher, *Kultur und Gedächtnis* (S. 9-19). Frankfurt: Suhrkamp.
- Batra, A. (2013). *Verhaltenstherapie. Grundlagen, Methoden, Anwendungsbereiche.* Stuttgart: Thieme.
- Beck, A. T., & Harrison, R. (05. März 1982). Stress, neurochemical substrates, and depression: Concomitants are not necessarily cause. *The behavioral and brain science*, S. 101-102.
- Beck, J. S. (2013). *Praxis der Kognitiven Verhaltenstherapie.* Weinheim: Beltz.
- Bourdieu, P. (1982). *Die feinen Unterschiede. Kritik der gesellschaftlichen Urteilskraft.* Frankfurt: Suhrkamp.
- Damásio, A. R. (2000). *Ich fühle, also bin ich. Die Entschlüsselung des Bewusstseins.* München: List Verlag.
- (2003). Gedanke. In Duden, *Duden. Deutsches Universalwörterbuch.* Berlin: Cornelsen.
- Eichstätt, J. (1998). Eine experimentell prüfbare Theorie der Willenshandlung und Willensentscheidung, entwickelt am Phänomen Ausdauer. Untersuchung zu freiem Willen und unfreiwilligem Grübeln. *Europäische Hochschulschriften*, S. 610.
- Epiktet. (2014). *Handbüchlein der Moral.* Stuttgart: Reclam.
- Festinger, L. (1957). *A Theory of Cognitive Dissonance.* Stanford University Press: Stanford.
- Festinger, L. (2012). *Theorie der Kognitiven Dissonanz.* Bern: Huber Verlag.
- Freud, S. (1923/2013). *Das Ich und das Es.* Stuttgart: Reclam.
- Fromm, E. (1976). *Haben oder Sein. Die seelischen Grundlagen einer modernen Gesellschaft.* München: dtv Verlagsgesellschaft.
- Gadamer, H.-G. (1960). *Wahrheit und Methode.* Tübingen: Mohr-Siebeck.
- Gilbert, D., & Malone, P. (117. Ausgabe 1995). The correspondence bias. *Psychological Bulletin*, S. 21-38.
- Goffman, E. (1959/2010). *Wir alle spielen Theater.* München: Piper.
- Guckes, B. (2004). *Zur Ethik der älteren Stoa. Psychoanalyse im interdisziplinären Dialog.* Göttingen: Vandenhoek & Ruprecht.
- Harris, T. A. (1976). *Ich bin o.k. Du bist o.k. Wie wir uns selbst besser verstehen und unsere Einstellungen ändern.* Hamburg: Rowohlt.
- Hautzinger, M., & Linden, M. (2008). *Verhaltenstherapiemanual.* Heidelberg: Springer Medizin Verlag.
- Hellbrück, J. (16. April 2014). An Lärm kann man sich nicht gewöhnen. (J. Lubbadeh, Interviewer).

• Hershbell, J. P. (1996). Epiktet. In F. Ricken, *Philosophen der Antike II* (S. 184-198). Stuttgart: Kohlhammer.
• Hüther, G. (1997). *Biologie der Angst - wie aus Stress Gefühle werden.* Göttingen: Vandenhoek & Ruprecht.
• Klingen, N. (Nr. 49, . 1/ 2010). Ihr Leben ist wichtiger als Ihre Angst. *Deutsche Apotheker Zeitschrift*, S. 14-17.
• Konnerth, T. (2010). *Menschliche Kommunikation verstehen. Die Transaktionsanalyse.* Lüneburg: GU.
• LeBon, G. (1911/2009). *Psychologie der Massen.* Hamburg: Nikol.
• Maaz, H.-J. (2017). *Der Gefühlsstau. Psychogramm einer Gesellschaft.* München: Beck.
• Molcho, S. (2002). *Alles über Körpersprache.* Mosaik Verlag: Berlin.
• Plegger, M., Schade, C., Diefenbacher, A., & Burian, R. (2014). Akzeptanz- und Commitment Therapie (ACT). *Zeitschrift für klinische Psychologie und Psychotherapie*, S. 241-250.
• Rosa, H. (2019). *Resonanz. Eine Soziologie der Weltbeziehung.* Frankfurt: Suhrkamp.
• Schirach, F. v. (08. Oktober 2018). Vom Fremdsein in der Welt. (B. Bleisch, Interviewer).
• Schlegel, L. (2002). Leitziele. In L. Schlegel, *Handwörterbuch der Transaktionsanalyse* (S. 188-190). Freiburg: Herder.
• Schwab, B. L. (16. Dezember 2017). Wie du es schaffst, mit dem Grübeln aufzuhören. (M. Bogner, Interviewer).
• Spitzer, M. (2014). *Digitale Demenz. Wie wir unsere Kinder um den Verstand bringen.* München: Knaur.
• Thun, F. S. (1981). *Miteinander reden 1 -Störungen und Klärungen. Allgemeine Psychologie in der Kommunikation.* Reinbek: Rowohlt.
• Watzlawick, P. (2016). *Man kann nicht nicht kommunizieren. Das Lesebuch, 2. Auflage.* Göttingen: Hogrefe.
• Wenninger, G. (2000). Reaktionszeit. *Spektrum der Wissenschaft*, S. 12-21.
• Wilken, B. (2003). *Methoden der kognitiven Umstrukturierung. Ein Leitfaden für die psychotherapeutische Praxis.* Stuttgart: Kohlhammer.
• Winch, G. (2016). *Emotionale erste Hilfe. Wie wir mit seelischen Verwundungen im Alltag umgehen können.* Paderborn: Junfermann Verlag.